ANALYSEN UND REFLEXIONEN

Band 57

Ingeborg Scholz

Ernst Th. A. Hoffmann

Das Fräulein von Scuderi
Der goldne Topf

Interpretation und
Unterrichtspraktische Vorschläge

Joachim Beyer Verlag — 8607 Hollfeld/Ofr.

„Nur der Dichter versteht den Dichter; nur
ein romantisches Gemüt kann eingehen in
das Romantische; nur der poetisch exaltierte
Geist, der mitten im Tempel die Weihe empfing, das verstehen, was der Geweihte in der
Begeisterung ausspricht.“

(E. T. A. HOFFMANN "DON JUAN")

ISBN 3-88805-023-5
© 1985 by J. Beyer Verlag, 8607 Hollfeld
Alle Rechte vorbehalten!
Satz: Schadel, Bamberg
Druck: Beyer-Druck, Eiergasse 13, 8607 Hollfeld

INHALT

VORWORT

Im vorliegenden Band werden zwei Hoffmann-Texte analysiert, die verschiedenen Erzählkategorien angehören. Die Novelle „Das Fräulein von Scuderi", eine der Geschichten aus der Rahmenerzählung "Die Serapionsbrüder", hat einen historischen Erzählinhalt, der rational nachvollziehbar ist. Flüssig geschrieben, gestaltet sie einen spannenden Kriminalfall auf einem geschichtlichen Hintergrund: bekannte Namen tauchen auf und werden mit Mord- und Polizeiaktionen verknüpft, wobei auch ein sentimental-romantisches Liebesmotiv eine Rolle spielt. Im Mittelpunkt steht neben der historischen Titelfigur die geheimnisvolle Künstlergestalt des berümten Goldschmieds Cardillac; alles in allem ein faszinierender Stoff, der in der Hand des genialen Erzählers Hoffmann seine Wirkung nicht verfehlen kann. So erfuhr diese Novelle schon zu Lebzeiten des Autors ein fast uneingeschränktes Lob, nicht nur von seinen Bewunderern und von der Fachwelt, sondern auch von einem Leserkreis, der sonst gegenüber Hoffmanns skurriler und phantastischer Erzählweise seine Vorbehalte hatte. Wir lesen z. B. in einem Brief Charlotte von Schillers an Knebel (5. II. 1820): „Es (‚Das Fräulein von Scuderi') ist das Beste, was ich von Hoffmann je gelesen, es ist so schön erzählt, so verständig und in einer Folge dargestellt, daß man sich darüber freuen muß."

So vordergründig gesehen, erschöpft sich die Bedeutung dieser Novelle in ihrem erzählerischen Reiz, sicherlich auch in dem hohen Maß an Spannung und dramatischem Geschehen, weshalb sie sich auch heute noch eines großen Leseinteresses erfreut. Jedoch kann man ihrem tieferen Sinn nur gerecht werden, wenn man sie nicht bloß als „Einzelstück" betrachtet, sondern im Zusammenhang mit der „Rahmenerzählung" sieht, weshalb im vorliegenden Fall der Einzelanalyse eine kurze Betrachtung der „Serapionsbrüder" vorangeht.

Um aber einen gewissen, wenn auch in diesem Rahmen notwendig begrenzten Einblick in Hoffmanns Lebens- und Kunstauffassung zu gewinnen, muß zugleich jenes Werk ins Auge gefaßt werden, das zu den bekanntesten und bedeutendsten Erzählungen des Autors gehört: das visionäre Märchen "Der goldne Topf", das mit dem Untertitel "Ein Märchen aus der neuen Zeit" in der Sammlung „Fantasiestücke in Callot's Manier" erschienen ist. Während die Novelle „Das Fräulein von Scuderi" auf der sogenannten „realen" Ebene spielt, bewegt sich „Der goldne Topf" in jenen Grenzgebieten, in denen „Traum" und „Wirklichkeit" ineinanderfließen. Hier wird die eigentliche Intention von Hoffmanns Erzählwerk thematisiert: die Darstellung des Alltäglichen als Verkleidung des Phantastischen und Wunderbaren, dargestellt in jenen eigenwilligen mythischen Bildern, wie sie für diesen spätromantischen Erzähler so charakteristisch sind. „In keinem Werk", so meint Dahmen in seiner Untersuchung des ‚Goldnen Topfes', „sind die Kräfte, durch die Hoffmanns Erscheinung ihre bestimmenden Züge trägt, reiner kristallisiert als in dem Märchen ‚Der goldne Topf', das er selbst als sein Meisterwerk empfand."[1]

---

[1] Hans Dahmen: E.T.A. Hoffmann und G.H. Schubert. (Marburg a. d. Lahn). In: Literaturwissenschaftliches Jahrbuch der Görres-Gesellschaft I. Bd., Freiburg i. B. 1926, S. 62

ZEITTAFEL:

Daten zu Hoffmanns Leben und Werk

1776 24. Januar geboren in Königsberg/Preußen als Sohn des Hofgerichtsadvokaten Christoph Ludwig Hoffmann und dessen Frau Lovisa Albertina Hoffmann, geb. Doerffer.

1778 Scheidung der Eltern; Hoffmann wird der Mutter zugesprochen und wächst im Hause seines Onkels auf.

1782 (evtl. 1781) Besuch der Königsberger reformierten Burgschule. Unterricht im Zeichnen und Malen.

1786 Begegnung mit Theodor Gottlieb von Hippel und Beginn einer Freundschaft fürs Leben.

1792 Anfang des Jurastudiums an der Universität Königsberg.

1794 Während der Studienjahre gibt er Musikunterricht, lernt die zehn Jahre ältere Dora Hatt kennen und lieben. Diese Beziehung wird in Hoffmanns Erzählung "Das Majorat" dichterisch gestaltet.

1795 I. juristisches Examen abgelegt. Seit 27. August Auskultator am Obergericht zu Königsberg.

1798 Kammergerichtsreferendar in Berlin. Verlobung mit seiner Kusine Minna Doerffer. Während seiner Berliner Zeit Musikunterricht bei Reichardt.

1800 Abschluß seiner juristischen Prüfungen und Ernennung zum Assessor am Obergericht in Posen. Ende des Jahres: Begegnung mit Jean Paul.

1802 Ernennung zum Regierungsrat am Obergericht in Posen, dann Strafversetzung nach Plock wegen Karikaturen hochgestellter Persönlichkeiten in Posen. Lösung seiner Verlobung mit Minna Doerffer und Heirat mit der Polin Michalina Rorer. Musikalische und literarische Versuche. 1. gedruckte Schrift Hoffmanns „Schreiben eines Klostergeistlichen an seinen Freund in der Hauptstadt" im „Freimütigen".

1804 16. Februar Versetzung nach Warschau, an die damalige Südpreußische Regierung. Bekanntschaft mit Julius Eduard Itzig (später Hitzig), der sein Freund und erster Biograph wurde. Wiederbegegnung mit Zacharias Werner.

1805 Musikalische Aktivitäten Hoffmanns: Aufführung des Singspiels „Die lustigen Musikanten" (nach dem Text von Clemens Brentano). Mitbegründer der „Musikalischen Gesellschaft".

1806 Einmarsch der Franzosen in Warschau. Hoffmann wird stellungslos und muß Warschau verlassen.

1807/8 Zweiter Berliner Aufenthalt.

1808 Erhält auf seine Bewerbung die Stelle eines Musikdirektors in Bamberg, wo er hauptsächlich als Theaterkomponist arbeitet.

1809 Aufgabe der Tätigkeit am Theater und Mitarbeit an der „Allgemeinen Zeitung". Erteilung von Musikunterricht. Verliebt sich in seine Musikschülerin Julia Mark, die später eine besondere Rolle in seinen Erzählungen spielt. In der „Allgemeinen Zeitung" erscheint sein erstes bedeutendes literarische Werk „Ritter Gluck".

1810 Wiederaufnahme der Tätigkeit am Theater unter der Intendanz von Franz von Holbein als Theaterkomponist und Theatermaler. Außerdem Tätigkeit als Musikrezensent. In der „Allgemeinen Zeitung" der erste Kreisler-Text mit dem Titel „Johannes Kreisler's, des Kapellmeisters, musikalische Leiden."

1811 Als Dramaturg des Bamberger Theaters setzt er sich für die Werke Calderons ein und ist maßgeblich¡ch beteiligt an der Erstaufführung von Kleists „Käthchen von Heilbronn".

1812 Mit Holbeins Niederlegung der Leitung des Bamberger Theaters verliert Hoffmann seine Stellung.

1813 Abreise nach Dresden. H. nimmt das Angebot des Dresdner Theaterdirektors Seconda als Kapellmeister an. Vertragsabschluß mit dem Bamberger Verleger C. F. Kunz über die „Fantasiestücke in Callot's Manier".

1813/ Wechsel des Aufenthalts zwischen Dresden und
1814 Leipzig. Komposition der Oper „Undine" nach dem Text von Fouqué. Entstehung des Märchens „Der goldne Topf" und des ersten Bandes „Die Elixiere des Teufels". Erscheinen der „Fantasiestücke in Callot's Manier" Bd. 1 u. 2, im Herbst Bd. 3.

1814 Bruch mit Seconda. Wiedereintritt in den Preußischen Staatsdienst. Tätigkeit am Kammergericht in Berlin. Teilnahme am literarischen Kreis von Fouqué, Chamisso und Tieck.

1815 Erscheinen des 4. Bandes der „Fantasiestücke". Freundschaft mit dem berühmten Schauspieler Ludwig Devrient.

1816 22. Mai Ernennung zum Kammergerichtsrat. Literarische Treffen von Hoffmanns Freunden Hitzig, W. Contessa u. a. als „Serapionsbrüder" in Hoffmanns Wohnung. Erscheinen der „Nachtstücke" (Teil 1) und der „Elexiere des Teufels" (Teil 2).

1817 „Nachtstücke" (Teil 2).

1819 Schwere Erkrankung Hoffmanns. Juli bis September Erholungsreise nach Schlesien mit Abstecher nach Prag. Nach seiner Rückkehr Ernennung zum Mitglied der „Immediatkommission zur Ermittlung hochverräterischer Verbindungen und anderer gefährlicher

Umtriebe". Erscheinen der Erzählungen „Klein Zaches genannt Zinnober", „Die Serapionsbrüder" (Band 1 u. 2).

1820 „Die Serapionsbrüder" (Band 3), „Prinzessin Brambilla", „Lebensansichten des Kater Murr" (Band 1).

1821 Berufung Hoffmanns an den Oberappelationssenat des Kammergerichts. „Die Serapionsbrüder" (Band 4). Weitere Verschlechterung von Hoffmanns Rückenmarksleiden.

1822 Zunehmende Verschlechterung des Gesundheitszustandes Hoffmanns. Das Manuskript zu der Erzählung „Meister Floh" wird – wegen der zu deutlichen Anspielungen in der Gestalt des Hofrats Knarrpanti – zunächst von der preußischen Regierung beschlagnahmt; spätere Veröffentlichung nur in einer reduzierten Fassung. Tod Hoffmanns am 25. Juni.

Einführung in Hoffmanns Erzählen

In dem Rahmengespräch zu Hoffmanns Geschichte „Die Brautwahl" gibt es einen Ausspruch, der sowohl die herkömmliche Vorstellung von der romantischen Lebensflucht wie auch jeden Realismus gängiger Prägung in Frage stellt: „Ich meine, daß die Basis der Himmelsleiter, auf der man hinaufsteigen will in höhere Regionen, befestigt sein müsse im Leben, so daß jeder nachzusteigen vermag. Befindet er sich dann, immer höher und höher hinaufgeklettert, in einem phantastischen Zauberreich, so wird er glauben, dies Reich gehöre noch in sein Leben hinein und sei eigentlich der wunderbar herrlichste Teil desselben. Es ist ihm der schöne prächtige Blumengarten vor dem Tore, in dem er zu seinem Ergötzen lustwandeln kann, hat er sich nur entschlossen, die düstern Mauern der Stadt zu verlassen."

Die hier beleuchtete Beziehung der sogenannten Realität zu der Welt des Phantastischen und Wunderbaren, die vielfach wiederholt und variiert in anderen Werken Hoffmanns zu finden ist, hat auf der literarischen Szene der Gegenwart zu recht unterschiedlichen Auslegungen geführt. Aufschlußreich sind die Bemerkungen Kleinstücks zu diesem Thema; von der Klärung des Begriffes „Wirklichkeit" ausgehend, sucht er Hoffmanns „Realitätsbegriff" auf die Spur zu kommen: „Die Flucht aus der Wirklichkeit gilt als spezifisch romantisch: Hoffmann aber schlug einen anderen Weg ein, indem er das Schöne mit dem Wirklichen versöhnte und das Schöne wirklich machte, und mit dem Schönen die ganze Zauber- und Geisterwelt, die sich dem Begnadeten, dem Träumer öffnet, während der brave Bürger von ihr höchstens eine Andeutung erhascht."[2]

---

[2] Johannes Kleinstück: Wirklichkeit und Realität. Stuttgart 1971, S. 69

Im Gegensatz zu dieser Auslegung vertritt Hans Mayer die Ansicht[3], daß bei Hoffmann die Wirklichkeit aus „zwei Wirklichkeiten" bestünde, die Realität des „Hier und Jetzt in Dresden" und die „Mythenwelt", die nach Meinung dieses Interpreten, als „schlechthin Unreales" und „Phantastisches" gegenüber der Gegenstandswelt des Alltäglichen verblasse. Der dem sozialen Realismus verhaftete Hans Mayer übersieht, daß der Student Anselmus die goldgrünen Schlänglein „wirklich" gesehen hat. Wie wenig es der Sache dient, wenn das Ideologische sich des Artistischen bemächtigt, erweist Mayers fragwürdige Schlußfolgerung, daß Hoffmann in das Mythische ausweiche, weil die damalige deutsche Tageswirklichkeit sein Künstlertum gefährdete, weshalb er seinen tiefen Lebenskonflikt nicht in der Alltäglichkeit lösen konnte. Aber außer in der Geschichte „Meister Floh", in der das tagespolitische Engagement akzentuierter in den Vordergrund tritt, ist Hoffmann nicht im modernen Sinne sozialkritisch zu deuten, wie es Mayer nicht nur im Hinblick auf den „Goldnen Topf", sondern auch bei der Charakteritik der Ritter-Gluck-Gestalt unternimmt. Er sieht diese als eine Figur, reich an historisch-sozialen Bezügen und somit als Symbol der Antimonie zwischen ideeller Welt (Phantasie, Poesie, Liebe, Freiheit) und der Realität der deutschen Misere. Eine solche Verengung im Sinne des bekannten Konzepts des „Realismus" kann nicht in einleuchtender Weise auf Hoffmanns Lebens- und Kunstauffassung angewendet werden. Man vergleiche dazu die Ausführungen von Claudio Magris, der eine solche Deutung zumindest mit einem Fragezeichen versieht.[4] Selbst um den Preis der Aktualität kann Hoffmanns Intention, aus diesem

---

[3] vgl. Hans Mayer, Die Wirklichkeit E.T.A. Hoffmanns. Ein Versuch. Nachwort in: E.T.A. Hoffmann. 4. Bd. Insel, Frankfurt 1967

[4] Claudio Magris: Die andere Vernunft. E.T.A. Hoffmann, Hain 1980, S. 4

Blickwinkel betrachtet, nicht hinreichend geklärt werden; er ist „monistisch", nicht „dualistisch" zu verstehen. Aus dieser Betrachtung seines Werkes geht eines unwidersprüchlich hervor: Es gibt bei Hoffmann keine eindeutig fixierte Wirklichkeit, woraus sich die Problematik für sein Erzählen grundsätzlich ergibt. In seiner Arbeit über Hoffmann hat Claudio Magris dies überzeugend zum Ausdruck gebracht: „Wenn es noch möglich ist, für Hoffmann die längst überholte Formel ‚Realist' anzuwenden, so ist diese Definition vom Schriftsteller her zu verstehen als scharf und tief empfindendes Erkennen der äußerst problematischen Beziehungen, die zwischen der Realität und der Verfahrensweise des Dichters bzw. zwischen dem Objekt und den Grenzen und Möglichkeiten seiner Darstellung in einer Erzählstruktur bestehen."[5] Und Magris sieht zu Recht die unverkennbare Modernität Hoffmanns, von der heute so viel die Rede ist; aber er sieht sie nicht im tagespolitischen Engagement, sondern in seinen Einsichten, die „in überraschender Weise Vorläufer moderner Naturerkenntnisse und der modernen Funktionen des Romans wurden."[6]

Wir finden in Hoffmanns Werk viele poetologische Einschaltungen, die darauf hinweisen, daß für ihn eine „schöne chronologische Ordnung" unmöglich ist. Es ist nicht zu übersehen, daß hier Assoziationen zu Robert Musils epischer Verfahrensweise bestehen; auch bei ihm wird von der linearen Erzählform abgerückt und auf eine chronologische Ordnung verzichtet. Im „Mann ohne Eigenschaften" heißt es: „Und Ulrich bemerkte nun, daß ihm dieses primitiv Epische abhanden gekommen sei, woran das private Leben noch festhält, obgleich öffentlich alles schon unerzählerisch geworden ist und nicht einem ‚Faden' mehr folgt, sondern sich

---

[5], [6] vgl. ebd., S. 4

in einer unendlich verwobenen Fläche ausbreitet."[7]. Deutlich wird hier auf die Unmöglichkeit hingewiesen, die Geschehnisse im Ablauf von „ehe", „als" und „nachdem" aus sich heraus zu entwickeln.

Hoffmanns diesbezügliche poetologische Einschübe stellen eine ironische Distanz zum Erzählten her, indem der Autor an solchen Stellen über die Technik der Darstellung gewissermaßen mit dem Leser diskutiert. So mischt sich zum Beispiel der Erzähler in die Geschichte „Der Sandmann" ein, indem er seinem Zweifel, ob er ihn überhaupt fesseln könne, gegenüber dem Leser Ausdruck gibt und mit ihm zusammen gleichsam die Möglichkeiten der Erzählmuster durchspielt: „So trieb es mich denn gar gewaltig, von Nathanaels verhängnisvollem Leben zu dir (dem Leser) zu sprechen. Das Wunderbare, Seltsame davon erfüllte meine ganze Seele, aber ebendeshalb und weil ich dich, o mein Leser! gleich geneigt machen mußte, Wunderliches zu ertragen, welches nichts Geringes ist, quälte ich mich ab, Nathanaels Geschichte, bedeutend, originell, ergreifend anzufangen: ‚Es war einmal' – der schönste Anfang jeder Erzählung, zu nüchtern! – ‚In einer kleinen Provinzstadt S., lebte' – etwas besser, wenigstens ausholend zur Klimax. – Oder gleich medias in res: ‚Scher dich zum Teufel!' rief, Wut und Entsetzen im wilden Blick, der Student Nathanael, als der Wetterglashändler Giuseppe Coppola' – das hatte ich in der Tat schon aufgeschrieben, als ich in dem wilden Blick des Studenten Nathanael etwas Possierliches zu verspüren glaubte ... Mir kam keine Rede in den Sinn, die nur im mindesten etwas von dem Farbenglanz des innern Bildes abzuspiegeln schien. Ich beschloß, gar nicht erst anzufangen. Nimm, geneigter Leser! die drei Briefe, welche Freund Lothar

---

[7] Robert Musil, Ges. Werke Bd. 1, S. 650

mir gütigst mitteilte, für den Umriß des Gebildes, in das ich nun erzählend immer mehr und mehr Farbe hineinzutragen mich bemühen werde."[8]

Es ist bereits o. darauf hingewiesen worden, daß eine solche Einbeziehung des Lesers und imaginären Zuhörers in die Beurteilung bzw. Lösung des poetologischen Problems auf Elemente des modernen Romans vorausdeutet. Heute ist dieses Verhalten an der Tagesordnung und findet sich sogar in der gehobenen englischen Unterhaltungsliteratur einer Vita Sackville-West.[9] Hier liegen die interessanten Beziehungslinien zur Moderne: in Hoffmanns artistischem Programm wie auch in der Vorwegnahme psychoanalytischer Betrachtungsweisen.

Was die Struktur seiner Erzählungen betrifft, so ist – im Zusammenhang mit dem Verzicht auf die Chronologie des Dargestellten – der Rückgriff auf Geschehnisse in der Vergangenheit, die „Erzählung in der Erzählung" charakteristisch, wie z. B. in der Novelle „Das Fräulein von Scuderi" und in anderen Geschichten. Die Folge dieser Zeitverschiebungen sind Verschachtelungen und häufig sich wandelnde Erzählerperspektiven. Auch die Technik der Verfremdung ist ein Element Hoffmannscher Verfahrensweise. In seinen Erzählungen begegnet die Verfremdung der Gestalten und Gegenstände; sie steigert sich bis zum Phänomen des Wahnsinns, der in vielfältigen Nüancierungen das gesamte Werk Hoffmanns durchzieht. Magris weist auf den Zusammenhang solcher Erzähltechniken mit Autoren des modernen Romans hin, besonders mit angelsächsischen Erzählern wie Conrad, Madox Ford und Henry James. Hier wie dort das

[8] E.T.A. Hoffmann: Der Sandmann. In: Nachtstücke, Verl. Fourier u. Fertig, Wiesbaden, S. 23
[9] vgl. Vita Sackville-West: The Edwardians. Virago Modern Classics. 1984

„Durcheinander der Zeitebenen, das den ,modified point of view' impliziert und zu einem Vervielfältigen, Verflechten und Übereinanderlegen der Perspektiven führt."[10] Im Zusammenhang mit der Verfremdung der Figuren und Gegenstände spielt auch das Stilmittel der Wiederholung eine Rolle, das bei Hoffmann an der Tagesordnung ist: das Geschehen wird in der Wiederholung bis ins Groteske verformt und verzerrt.

Hoffmann gehört zu den Autoren, die immer wieder auf bestimmte Themen und Konstellationen zurückkommen, z. B. auf die Auflösung der Raumvorstellung, der Kontinuität der Zeit und dem herkömmlichen Maß des Raumes: in der Erzählung „Der Artushof" steigen die Figuren aus einem alten Hanse-Gemälde herab und spielen als Wesen vergangener Jahrhunderte ihre Rollen im bürgerlichen Alltagsleben von Hoffmanns Gegenwart.

---

[10] Claudio Magris: Die andere Vernunft. E.T.A. Hoffmann. Hain 1980, S. 13

I. DAS FRÄULEIN VON SCUDERI

Einleitung:

DIE RAHMENERZÄHLUNG „DIE SERAPIONSBRÜDER"

In der Verknüpfung von Detektivgeschichte und Künstlermotiv liegt das Eigentümliche dieser Novelle begründet. Wenn sie auch keineswegs mit einer gängigen Kriminalerzählung in einem Atemzug zu nennen ist, so bleibt doch das Motiv von Mystery und Verbrechen handlungsbestimmend. Gerade das Spannungsmoment erklärt zweifellos, weshalb diese Novelle nicht allein unter Hoffmanns Erzählungen, sondern unter den Novellen des 19. Jahrhunderts überhaupt ein so breites und andauerndes Lesepublikum gefunden hat. Jedoch fand Hoffmann neben dem spannungsbetonten kriminalistischen Effekt in diesem Stoff zugleich Gelegenheit, in der Gestalt des unheimlichen Goldschmieds Cardillac seine dämonisierte Vorstellung vom Künstlertum in der Welt der Realität darzustellen. Eingebettet ist diese Erzählung in die Rahmenhandlung „Die Serapionsbrüder", mit deren Thematik sie in einem inneren Zusammenhang steht. Bei diesem Erzählzyklus handelt es sich um ein Beispiel für die Verbindung von einer Art dialogischem Rahmen und eingefügten Novellen. Als mögliches Vorbild kann Ludwig Tiecks 1812-1816 erschienene Sammlung „Phantasus" gelten. Hier bilden die Unterhaltungen eines geselligen Kreises – wie ähnlich Goethes „Unterhaltungen deutscher Ausgewanderten" –, der aus drei Damen und sieben Herren besteht, den Rahmen für den Vortrag von Märchen, Erzählungen, Novellen und dramatischen Texten, wodurch beabsichtigt wird, den Leser in die romantische Kunst einzuführen.

Wenn Hoffmann sich auch in Nachahmung des verbindenden Rahmens seiner Erzählungen ausdrücklich auf Tieck bezieht, hatte er jedoch seine eigenen Erfahrungen und Erlebnisse im Auge, jene „Seraphinenabende", zu denen sich seine Dichterfreunde in den Jahren 1814-16 versammelt hatten: Adelbert v. Chamisso, Carl Wilhelm Salice Contessa, Friedrich de la Motte-Fouqué, Theodor Gottlieb v. Hippel u. a.. Hitzig berichtet in seiner 1823 erschienenen Hoffmann-Biographie, wie die Gesellschaft nach dem Namen des Heiligen Serapion benannt und eingeweiht wurde. Demzufolge wurden die 1819-21 erscheinenden Bände unter dem Haupttitel „Die Serapionsbrüder" zusammengefaßt, worunter sechs gleichgesinnte Gesprächspartner gemeint sind, deren Identität mit den o. genannten Freunden augenfällig ist. Die Novelle „Das Fräulein von Scuderi" befindet sich im dritten Band der Sammlung. Sie wird von Sylvester-Contessa erzählt, „dem stillen, in sich gekehrten Mann, dessen innere Poesie in schönen milden Strahlen gar herrlich herausfunkelte".[11] Der Gesprächsrahmen, von dem die Erzählungen eingeschlossen sind, schafft nicht nur eine äußere Verbindung, sondern wird durch das in ihnen wirkende sogenannte „Serapiontische Prinzip" zusammengehalten, das die Gesprächspartner als das Konzept betrachten, dem sie sich in ihren dichterischen Gestaltungen verpflichtet fühlen: „Jeder prüfe wohl, ob er auch wirklich das geschaut, was er zu verkünden unternommen, ehe er es wagt, laut damit zu werden. Wenigstens strebe er ernstlich danach, das Bild, das ihm im Innern aufgegangen, recht zu erfassen mit all seinen Gestalten, Farben, Lichtern und Schatten und dann, wenn er sich recht entzündet davon fühlt, die Darstellung ins äußere Leben zu tragen. So muß unser Verein, auf tüchtige Grundpfeiler gestützt, dauern und für jeden von uns allen sich gar erquicklich gestalten. Der Einsiedler Serapion sei unser Schutzpatron, er läßt seine Sehergabe über

---

[11] H. v. Müller: Hoffmanns Briefwechsel, II. Bd., S. 299

uns walten, seiner Regel wollen wir folgen als getreue Serapionsbrüder."[12] Das hier definierte „serapiontische Prinzip", das als Regel für die wahre Poesie gefordert wird, geht auf den geheimnisvollen Einsiedler Serapion zurück, der außerhalb der Dimensionen von Zeit und Raum in der Wüste lebt und für den es keine Trennung zwischen Innen und Außen gibt. Wo aber jene Harmonie zwischen Phantasie und Wirklichkeit gestört ist, kommt es zu jenen krankhaften Erscheinungen der Seele, wie sie in den Einzelerzählungen der dem Wahn verfallenen Außenseiter und Sonderlingen thematisiert werden; exemplarisch für einen solchen Fall gilt die Gestalt des dämonischen Goldschmieds Cardillac.

---

[12] E.T.A. Hoffmann: Die Serapionsbrüder, Ges. Erzählungen u. Mährchen, Hrsg. von E.T.A. Hoffmann. Dritter Band, Berlin 1820

Entstehung und Quellen
der Scuderi-Novelle

Die Erstausgabe der später in einem Sammelband „Die Serapionsbrüder" veröffentlichten Novelle „Das Fräulein von Scuderi" findet sich im Frankfurter „Taschenbuch für das Jahr 1820. Der Liebe und Freundschaft gewidmet" mit der Beifügung „Erzählung aus dem Zeitalter Ludwigs dem Vierzehnten".

Die Quellen, die Hoffmann verwertet hat, – z. B. Berichte aus dem „Pitaval"-Sonderbare und merkwürdige Rechtsfälle, umgearbeitet und vermehrt von Herrn Richter, Parlamentsadvokat zu Paris, deutsch hrsg. von Carl Wilhelm Franz, 4 Theile. Jena, im Verlag der Cunoischen Buchhandlung. 1782-92 – hat er in der historischen Einleitung seiner Novelle fast wörtlich übernommen. Dennoch diente ihm die Vorlage lediglich als Stoff, die Erzählung selbst trägt seine Signatur und ist ganz und gar seine eigene poetische Schöpfung.

Als Ergänzung zu den o. genannten Quellen-Berichten weist Hoffmann selbst in der Rahmenhandlung „Die Serapionsbrüder" auf weitere Vorlagen hin, z. B. auf Voltaires „Siècle de Louis XIV" und auf eine Nürnberger Chronik von Johann Christoph Wagenseil.

Zur Entstehung der Novelle werden Aufschlüsse in Hoffmanns Briefen gegeben; wir wissen bereits, daß der Erstdruck – wie bei zahlreichen anderen Erzählungen des Autors – in einem Taschenbuch erfolgte. Hoffmann war zu dieser Zeit bereits so populär, daß er den Aufträgen der damals beliebten Taschenbücher und Almanache kaum nachkommen konnte. Später machte der Buchhändler Georg Reimer dem Dichter den Vorschlag, seine separat erschienenen Erzählungen in Sammelbänden zusammenzufassen. Der Plan

fand Hoffmanns Zustimmung. Unter dem Titel „Die Serapionsbrüder" wurden 1812 bis 1821 vier Bände vorgelegt;
„Das Fräulein von Scuderi" erschien im 3. Band (1820).

Bemerkungen zur Rezeption

Die Leserreaktion auf Hoffmanns Erzählung „Das Fräulein
von Scuderi" war von Anfang an vorwiegend positiv. Das
zeigt sich in den Rezensionen der damals sehr verbreite-
ten Literaturzeitschriften, z. B. des „Morgenblatts für gebildete Stände", der Zeitschriften „Hermes oder kriti-
sches Jahrbuch der Literatur" und „Allgemeine Literatur".
In einer Rezension des „Hermes" heißt es: „Sie (die Geschichte ‚Das Fräulein von Scuderi') ist ein Nachtstück,
über dem sich die fromme und sanfte Scuderi wie eine
Lichtgestalt hervorhebt. Aus dem bedeutsamen historischen Vorgrunde führt uns der Verfasser mit Lebendigkeit
und steigendem Interesse durch die seltsamen Windun-
gen der Begebenheit, und der künstlerische Werth der
Geschichte wie die Schreibart entkräftet den Vorwurf (wie
z. B. im ‚Signor Formica', den man schwerlich zum Zwey-
tenmale lesen wird), daß zu sehr auf Spannung der Neu-
gier hingearbeitet sey. Zu rechten wäre dagegen mit dem
Vf., daß er seine teuflische Figur Cardillac rein unmensch-
lich hingestellt, indem er ihn allemal erst nach begange-
nen Mordthaten Ruhe und Seelenzufriedenheit als be-
harrlichen Zustand genießen läßt, ein Zustand, zu dem
das Fantasma vom bösen Stern und vom Gespenst nicht
hinreicht, dem nur die unmittelbare Einwirkung des Satans (den wir im übrigen nicht zitiert haben wollen) Statt-
haftigkeit und Wahrheit geben konnte. Auch wäre die Geschichte noch anziehender geworden, wenn der Bösewicht

nicht als wunderlich, sondern als bloßer Ausbund menschlicher Lasterhaftigkeit dastände" (‚Hermes' 1820).

Wie wir sehen, weist auch diese zeitgenössische Rezension trotz ihrer partiellen Anerkennung auf jene Verkennung Hoffmanns hin, die seiner Rezeption von Anbeginn anhaftet. Anerkannt werden die erzählerischen Fähigkeiten: „Die Erzählung ist spannend, der Knoten ist geschürzt und die Sprache rein", wie es an anderer Stelle im „Hermes" heißt (Hermes 1823, St. III, S. 123 f zit. nach Reclam, Erläuterungen und Dokumente. E.T.A. Hoffmann „Das Fräulein von Scuderi"). Unbegriffen bleibt das Wesen der Cardillac-Gestalt; sie wird lediglich vom moralischen Standpunkt aus ins Auge gefaßt. Daß diese Gestalt nicht vordringlich vom moralischen Aspekt aus betrachtet und bewertet werden kann, ist eine Einsicht der modernen Hoffmann-Forschung; sie ist zugleich ein Zeichen für das veränderte Verhältnis unseres Jahrhunderts zu Hoffmann überhaupt. Im Hinblick auf die Aspekte, die im 19. Jh. die Rezeption Hoffmanns, hier speziell der Scuderi bestimmten, ist die Rezension zu Willibald Alexis zu nennen, die sich in der ersten Biographie Hoffmanns von Eduard Hitzig findet: „Auch unter seinen trefflichen Fantasiebildern hat er uns einige Dichtungen hinterlassen, welche zu den gelungensten in ihrer Art gehören, und uns die sicherste Bürgschaft dafür abgegeben, daß wenn er einmal zur Überzeugung gelangt wäre: ‚der Weg des Studiums der Natur sey dem der Ausbildung einer ungezügelten Fantasie vorzuziehen', – auch Hoffmann ein wirklich klassischer, vieleicht der erste klassische Romandichter der Deutschen geworden wäre. Wir berufen uns hier auf die Novellen: „Fräulein Scuderi", „Das Majorat" ..., „Der Küfer Martin und seine Gesellen", welche zur Zeit ihres Erscheinens allgemeines Aufsehen erregten, ... In diesen Erzählungen hat sich Hoffmann selbst überwunden, d. h. eine wilde Kraft bezwungen.

Die ausschweifende Fantasie, der ungezügelte Humor sind dienstbar geworden einer höhern Anordnung der Dinge. Wir finden dagegen eine klare Auffassung und Verarbeitung des Gegenstandes, und die Novellen sind in sich so gerundet und abgeschlossen, wie wir die Kraft dazu dem Dichter der „Fantasiestücke" kaum zutrauten."[13] Ähnlich bedingte Anerkennung findet Hoffmann bei dem schwäbischen Dichter Hermann Kurz (1813-73); auch er hebt die „Scuderi" von fast allen übrigen Erzählungen ab, wenn er sagt: „Die beste seiner Erzählungen ist die ‚Scuderi', die keinen Spuk enthält und auch mit wenigen andern gleicher Art den süßlichen Ton nicht gemein hat."[14]

Das breitere Lesepublikum ist im großen ganzen bis heute dieser Auffassung gefolgt, was darin zum Ausdruck kommt, daß die Scuderi-Novelle ihre einsame Popularität und Faszination bewahrt hat. Anders ist es mit der Beurteilung Hoffmanns in der modernen literarischen Forschung bestellt, in der sich die Bewertungsaspekte im Hinblick auf sein Erzählwerk beträchtlich gewandelt haben. Es begann wohl damit, daß sich seine wachsende Bedeutung in der steigenden Beeinflussung großer Erzähler des 19. und beginnenden 20. Jahrhunderts manifestierte: z. B. in den Romanen Fontanes, Dostojewskis und Thomas Manns. In diesem Zusammenhang muß besonders auf die Schätzung Hoffmanns im benachbarten Frankreich hingewiesen werden, für das Hoffmann geradezu als der Hauptvertreter romantischer Dichtung gilt. Auch Baudelaire ist hier zu nennen, der zu den engagiertesten Bewunderern Hoffmanns gehört. Aber auch auf dem Gebiet der modernen Kurzgeschichte sind Hoffmanns

---

[13] W. Alexis: Zur Beurteilung Hoffmanns als Dichter. In: E.T.A. Hoffmann's Leben und Nachlaß v. Julius Hitzig 1839, S. 68-70 u. 76

[14] Hermann Kurz: Dt. Novellenschatz Bd. 1, München 1871, S. 207 f.

Einwirkungen zu spüren, ebenso hat speziell „Das Fräulein von Scuderi" in seinen kriminalistischen Elementen manches auf dem Felde der modernen Kriminalgeschichte bewegt.

Besonders bedeutsam ist die Verschiebung des Interesses, das sich in der Scuderi-Novelle allmählich mehr und mehr der Cardillac-Gestalt zuwandte, womit das Motiv des Künstlers in den Vordergrund geriet. Erwähneneswert ist hier vor allem die Oper „Cardillac" von Paul Hindemith nach einem Text von Ferdinand Lion.

Der Sachverhalt und die Personengruppierung

Die Geschichte spielt im Jahre 1650 im Paris Ludwigs XIV.; der historische Rahmen ist gegeben. Die Handlung beginnt mit einer expositionellen Eingangsszene mit einem kriminellen Effekt: ein unheimlich wirkender junger Mensch, in einen weiten Mantel gehüllt und mit einem Stilett bewaffnet, dringt zu nächtlicher Zeit in das Haus der Scuderi ein, um sie in einer dringenden Angelegenheit zu sprechen. Durch Polizeilärm von draußen an seinem Vorhaben gehindert, verschwindet er, hinterläßt aber ein Kästchen, in dem sich kostbare Juwelen und eine Nachricht an das Fräulein von den sogenannten ‚Unsichtbaren' befindet. Nach dieser mysteriösen Eingangsszene, auf die später zurückgegriffen und die erst im Verlauf der Erzählung aufgeklärt wird, folgt ein historischer Bericht über die damalige kriminelle Situation in Paris: Giftmorde, Raubüberfälle, deren Täter im Dunkeln bleiben. Die Methode ist immer ähnlich: Reiche Edelleute, die ein bei dem berümten Goldschmied Cardillac angefertigtes Schmuckstück bei Nacht zu ihrer Geliebten bringen wollen, werden aus dem Hinterhalt angefallen, der Juwelen beraubt und umgebracht. Dieser Tatbestand bewegt die Gemüter aller Kavaliere mit Schrecken; man bittet den König um Schutz. Dieser fragt Mademoiselle de Scuderi, die berühmte Verfasserin preziöser Romane und Verse, um ihre Meinung zu diesen Fällen und erhält ihre Antwort in Versen:

> »Un amant qui craint les voleurs,
> N'est point digne d'amour.«

Diese in spielerischer Laune nur so hingeworfene Bemerkung wird von den unbekannten Tätern als Versuch der Verteidigung erntgenommen und verwickelt das alte Fräulein zu ihrem Schrecken in einen mysteriösen und folgenschweren Kriminalfall. Die dramatisch bewegte Eingangsszene, der im Erzählvorgang die Rückblende folgt, leitet mit der Überbringung des Schmuckes durch Olivier Brusson die Gegenwartshandlung ein. Zugleich mit dem Schmuck, dessen kostbare Fassung auf Cardillac verweist, findet das alte Fräulein einen Zettel mit dem von ihr am Hofe verfaßten Vers. Cardillac, später herbeigerufen, berichtet, daß der überreichte Schmuck auf nicht zu erklärende Weise aus seiner Werkstatt verschwunden sei. Zugleich bittet er das Fräulein von Scuderi, dem er große Achtung und Verehrung entgegenbringt, den Schmuck als Geschenk entgegenzunehmen. Aber einige Tage später ereignet sich eine dramatische Szene anläßlich einer Wagenfahrt des Fräuleins über den Pont Neuf: derselbe unheimliche junge Mensch, der ihr das Kästchen ins Haus gebracht hatte, hält ihren Wagen an und überreicht ihr ein Schreiben mit der flehenden Bitte, dem Goldschmied den Schmuck unverzüglich zurückzugeben. Ein unglücklicher Umstand hindert sie jedoch daran, diese Frist einzuhalten; als sie verspätet bei Cardillac eintrifft, findet sie diesen ermordet vor. Der Tat verdächtig ist jener junge Mensch vom Pont Neuf, Cardillacs Gehilfe und der Verlobte seiner Tochter Madelon. Bei ihm vermutet die Polizei Motiv und Gelegenheit, da er sich zur Zeit vor dem Mord mit seinem Meister überworfen hatte und zudem neben der Leiche Cardillacs gefunden worden war. Madelon, die Braut des Verdächtigten, die von der Unschuld ihres Bräutigams überzegt ist, bittet die Scuderi um Hilfe. Auflösung dieses mysteriösen Falles bringt endlich das Geständnis, das Olivier bei der von der Polizei erlaubten Zusammenkunft mit dem Fräulein in Form einer Rückblende ablegt: Aus Rücksicht auf seine Verlobte hatte Brusson bisher verschwiegen, daß Cardillac selbst der Schmuckräuber seiner Kunden war. Getrieben von der dämonischen Gier, den Schmuck, woran er seine ganze Kunst verwendet hatte, von dem Eigentümer wieder zurückzuholen, ging dieser soweit, die Betroffenen zu berauben und zu ermorden. Olivier wurde durch Zufall Zeuge einer solchen grauenvollen Tat, weshalb auch er es war, der das von ihm verehrte Fräulein von Scuderi aufforderte, den Schmuck an den besessenen Goldschmied zurückzugeben. Die Unterredung Oliviers mit der Scuderi enthüllt nicht nur die Unschuld des Gesellen, sondern zugleich den Tatbestand, daß dieser der Sohn einer unvergeßlichen Jugendfreundin des Fräuleins ist. Die Scuderi macht sich nun zum Anwalt des unschuldig Verdächtigten, wird beim König vorstellig und erwirkt seinen Freispruch, wenn auch verbunden mit seiner Verbannung aus Paris. Die Geschichte klärt am Ende noch das Geheimnis um den Tod Cardillacs. Ein königlicher Offizier war ihm auf die Spur gekommen und tötete ihn in Notwehr bei einer vorher genau geplanten nächtlichen Begegnung.

In der Figurenkonstellation kontrastieren die beiden Hauptgestalten miteinander: auf der einen Seite die Titelfigur, die Verfasserin preziöser Verse und Romane, die sozusagen als Hofpoetin gilt und mit dem Salon der Maintenon in

Zusammenhang steht, auf der anderen Seite die geniale, aber dämonische Künstlergestalt des Goldschmieds Cardillac, die im Handlungsablauf auf doppelte Weise miteinander verstrickt werden: einmal durch die galanten Verse der Scuderi, die den Goldschmied veranlassen, ihr den kostbaren Schmuck zu schenken, und weiterhin durch den Gesellen Olivier Brusson und seine Funktion in der Novelle. Olivier ist auf höchst prekäre Weise mit Cardillac verknüpft: als dessen Mitarbeiter und Verlobter seiner Tochter und zugleich als Mitwisser seiner Untaten. Zugleich steht er durch die Vorgeschichte mit der Scuderi in Verbindung, wehalb man – laut Marsch – von einer „doppelt gebundenen Figur" sprechen kann. „Wie bei Kleist handelt es sich um eine reduzierte, aber durch eine Figur in kritische Kollision gebrachte Zweierkonstellation, an der vier Personen beteiligt sind: die Scuderi, Olivier, Cardillac und Madelon."[15] Innerhalb der Personenkonstellation werden den zwei Hauptpersonen zwei Vorgeschichten in Form von Rückblenden zugeordnet: die Geschichte der Verbrechen Cardillacs und ihr Zusammenhang mit einem pränatalen Trauma und der Bericht über die Beziehung der Scuderi zu Anne Brusson und deren Sohn Olivier, der als Kind das Fräulein wie eine zweite Mutter liebte. Somit verbindet die Figur des Olvier beide Geschehnisstränge der Vorgeschichten, was für die Lösung des Kriminalfalles am Ende von Bedeutung sein wird.

Außerhalb dieser Personengruppierung stehen die Vertreter der Anklage und der Polizeiaktionen: La Régnie, der rational-agierende Befürworter einer unpersönlichen Rechtsinstanz, dem das Fräulein ihren Einwand ‚Seid menschlich!' zuruft, und der listig-verschlagene Detektivsergeant

---

[15] Edgar Marsch: Konflikt u. künstlerische Lösung. E.T.A. Hoffmann: „Das Fräulein von Scuderi". In: Die Kriminalerzählung. München 1972, S. 142

Desgrais, dessen scharfsinnige Nachforschungen lediglich dem Augenschein folgen und dem jede Einsicht in seelische Zusammenhänge fehlt, wiewohl er vorübergehend sogar dem Glauben verfällt, der leibhaftige Satan stecke hinter den geheimnisvollen Verbrechen. Die Justizinstanzen gehen in ihren Verfahrensweisen vom oberflächlichen Augenschein aus, während das Fräulein von Scuderi letztlich von dem Kleistschen Satz (aus dem ‚Kohlhaas') in ihren Untersuchungen geleitet wird, daß „die Wahrscheinlichkeit nicht immer auf Seiten der Wahrheit ist".

Das historische Vorbild:

Mademoiselle de Scuderi und die Preziösen

Das historische Vorbild der Titelfigur, Madeleine de Scuderi, war 1607 in Le Havre geboren und starb 1701 in Paris. Seit 1630 in Paris lebend, wird sie Mittelpunkt des aristokratischen Salons der Marquise de Rambouillet. Dort ging es um Literatur als galantes Unterhaltungsthema; gepflegt wurde eine preziöse Ästhetik: esoterische Sprachbildungen und Verfeinerung der Gesprächsformen. Die Mitglieder dieses Salons galten als die eigentlichen Preziösen. Im bürgerlichen Samstag-Salon der Mademoiselle de Scuderi trafen sich weniger feudale Kreise als vielmehr Gelehrte und Schöngeister. ,– »une ruelle littéraire, un peu pédante«. Man debattierte über Begriffe wie »Honnête homme«, »honnête amour«, »dignité de la femme». In ihrer in der damaligen Zeit möglichen Weise beschäftigte sich die Scuderi mit der Emanzipation der Frauen und zeigte in dieser Hinsicht moderne Züge. Sie erhielt als erste von der Akademie den Preis für Beredsamkeit, ein Umstand, dem Hoffmann Rechnung trug, wenn er sie eine schwungvolle Rede vor dem König trug, wenn er sie eine schwungvolle Rede vor dem König halten läßt. Literarisch eingeordnet, ist die Scuderi eine der Hauptvertreterinnen des heroisch-galanten Romans; außerdem hat sie Gelegenheitsgedichte gemacht, die geistreiche Anspielungen auf Zeitereignisse enthielten. Wenn sie auch nicht allzuviel auszusagen hatten, so waren die Wendungen doch spritzig und graziös. Anerkannt in ihrer Zeit, war sie besonders bei Hofe sehr geschätzt und erhielt vom König eine Pension. –

Die Romane der Scuderi waren wahre Enzyklopedien höfischer Lebenskunst; zudem waren sie eine Art Schlüsselromane. Hinter den Perserhelden vergangener Zeiten – z. B. in ihrem berühmtesten Roman »Artamène ou le grand Cyrus« – verbargen sich die politischen und gesellschaftlichen Berühmtheiten aus den Tagen der Fronde. Eine besondere Bedeutsamkeit innerhalb der Romane hatte der rhetorische Aspekt: die Helden „reden": alles wird zur Szenerie einer galanten und geistreichen Gesprächsführung. In Hoffmanns Scuderi-Gestalt ist viel von dieser historischen Substanz der Titelfigur eingegangen; sie ist mehr als die anderen Gestalten eine vorgefundene Figur. Ihre schwungvolle Beredsamkeit, ihre leicht modische geistvolle Galanterie spiegeln sich in den Hofszenen der Novelle wider. Was Hoffmann dieser Figur hinzugefügt hat, ist ihre über das Modische hinausgehende Humanität, die sie sowohl im häuslichen Kreise gegenüber ihrer Dienerschaft wie auch in ihrer Funktion im Rahmen des Kriminalfalles um den jungen Olivier Brusson entfaltet.

Die Titelfigur:

Gestalt und Funktion in der Novelle

Unter den Figuren, die in dieser Erzählung eine Rolle spielen und die Handlung vorwärtstreiben, ragen zwei Gestalten heraus: das Fräulein von Scuderi und der Goldschmied Cardillac, wenn letzterer auch mehr im Hintergrund des Geschehens wirkt. Was die Titelfigur betrifft, so stellt der Autor sie bereits zu Beginn der Novelle in den Vordergrund, wenn wir auch zunächst nur durch ihre Bediensteten mittelbar von ihr erfahren. Sie wird in der Atmosphäre ihres Hauses, im Salon der Maintenon, bei Hofe vorgestellt; der Autor geht in ihrer Schilderung ins Detail, zeigt sie, umrahmt von ihren Bediensteten, in ihren Beziehungen zu Brusson und Madelon, vor allem aber auch in der Atmosphäre des Hofes, in der sie charakterisiert wird als gesellig, in den Formen des höfischen Lebens bewandert und in allen bürgerlichen Tugenden voranleuchtend.

Es erscheint uns zu flach, die Titelfigur allein von „ihrer erzählerischen Schlüsselstellung" aus ins Auge zu fassen und ihr nur in der Hinsicht Bedeutung zuzuerkennen, daß „alle dargestellten Ereignisse uns vorwiegend unter ihrer Perspektive erscheinen".[16] Als Grund für ihre menschliche Bedeutungslosigkeit wird von Schönhaar „das geringe Verständnis" hervorgehoben, mit dem das Fräulein dem Künstlertum und der damit verbundenen Not des verbrecherischen Goldschmieds begegnet. Eine solche Auslegung erscheint uns in den Text hineininterpretiert. Hoffmann selbst, so sehr er die scherzhafte Auslegung von Cardillacs Verhalten gegenüber der Scuderi von dieser selbst auch betont,

---

[16] Rainer Schönhaar: Novelle und Kriminalschema. Ein Modell deutscher Erzählkunst um 1800, Bad Homburg, Berlin, Zürich 1969, S. 19-26

läßt andrerseits keine Gelegenheit vorbeigehen, die Würde der Scuderi und die Verehrung, die sie allgemein genießt, besonders hervorzuheben. An keiner Stelle der Novelle wird deutlich, daß dieses sogenannte ‚fehlende Verständnis' Cardillacs der Titelfigur als Makel angelastet wird, wogegen möglicherweise auch die geradezu exaltierte Verehrung Cardillacs dem Fräulein gegenüber angeführt werden könnte. Auch erscheint es uns nicht einleuchtend, in der Scuderi den Prototyp einer zimperlichen ‚alten Jungfrau' zu sehen, was in Marianne Thalmanns Bemerkung von der „altjüngferlichen Sanftmut"[17] mit anklingt. Dagegen spräche die Szene, als die Scuderi, in eleganter schwarzer Robe, mit Edelsteinen feierlich geschmückt, vor den König tritt, um durch solche graziöse Repräsentanz ihrem Anliegen am Hofe Würde und Gewicht zu verleihen. Auch läßt sich mit solcher Simplifizierung und Verflachung der Gestalt die tiefe seelische Krise, in die sie verfällt, schwerlich vereinbaren. Hoffmann malt diese seelische Verwirrung in aller Farbigkeit aus: Entzweiung der Scuderi mit allem Irdischen wegen der angeblichen Täuschung durch Olivier Brusson. In dieser Situation gerät die innere Sicherheit der Scuderi ins Wanken; ihre Verzweiflung erinnert an die berühmten Kleistschen Vertrauenskrisen in den Erzählungen und Dramen, an die auch die Darstellungsweise herankommt: „Ganz zerissen im Innern ...". In dieser tiefen seelischen Krise verzweifelt die Scuderi an aller Wahrheit, vertraut nicht mehr der inneren Stimme, sondern dem Augenschein und fällt ihm – wenn auch nur vorübergehend – zum Opfer. Dann aber wird durch Madelons Jammer im Herzen der Scuderi die dunkle Ahnung eines Geheimnisses geweckt, das den Glauben an Brussons Unschuld wieder aufleben

---

[17] vgl. Marianne Thalmann: E.T.A. Hoffmanns „Fräulein von Scuderi". In: Romantik in kritischer Perspektive. Heidelberg 1976, S. 22

läßt, was in der knappen Wendung seinen Ausdruck findet: „tief sinnend und einer höheren Macht gehorchend". Es ist anzuraten, in der Beurteilung der Scuderi-Gestalt den Autor selbst beim Wort zu nehmen. –

Im Hinblick auf die o. erwähnte erzähltechnische Schlüsselfunktion der Titelfigur ist zu untersuchen, welche Rolle die Scuderi innerhalb der Auflösung des Kriminalfalles spielt. Dazu bemerkt Alewyn: „In dieser Geschichte finden wir, neben einigen untergeordneten Motiven die drei Elemente zusammen, die den Detektivroman konstituieren: Erstens den Mord, bzw. die Mordserie am Anfang, und dessen Aufklärung am Ende, zweitens den verdächtigten Unschuldigen, und drittens die Detektion, nicht durch die Polizei, sondern durch den Außenseiter, ein altes Fräulein und eine Dichterin."[18] Gegen den dritten Punkt wendet Naumann ein, daß die Aufklärung des Mordes „nicht durch die rationale Detektion, sondern durch Geständnis geschieht. Daß Olivier sich der Heldin anvertraut, ist" – laut Naumann – „nicht auf ihre Klugheit zurückzuführen, sondern auf ihre Person als ganze sowie auf persönliche Verbundenheit von früher her."[19]

Wenn man hier dem Einwand auch soweit zustimmen mag, daß es sich bei dieser Erzählung nicht um die reine Kategorie der Kriminalgeschichte handelt, so kann nicht übersehen werden, daß sich Hoffmann in ihr der Technik und Motivik der Detektivliteratur bedient: die Personen werden in ein Netz von Geheimnissen und von verborgener Schuld verwickelt. Der Scuderi, in der sich Intuition und Humanität vereinen, der aber auch eine gewisse psychologische Fähigkeit

18) Richard Alewyn: Ursprung des Detektivromans. In: R.A., Probleme u. Gestalten. Frankfurt 1974, S. 351-354.
19) vgl. Dietrich Naumann: Zur Typologie des Kriminalromans. In: Studien zur Trivialliteratur. Hrsg. v. Heinz Otto Burger. Frkf. a. M. 1968, S. 238-40

(s. ihr Verhalten gegenüber dem König!) keineswegs fehlt, gelingt am Ende die Auflösung des Verbrechens. In der Funktion als tatkräftige Helferin ist die Rolle umschrieben, die die Scuderi in dem Kriminalfall spielt. In dieser Erzählung ist Detektivisches und Künstlerisches miteinander verbunden, ja ineinander verschmolzen; die Künstlerthematik ist Bestandteil des Erzählmotivs. Indem die Scuderi am Hofe ihren scherzhaften Vers zum besten gibt, wird sie in das Schicksal Cardillacs verwickelt. Ein weiterer Bezug der Scuderi zu dem Kriminalfall ergibt sich aus der Vorgeschichte. Hier handelt es sich um eine mehr zufällige Verknüpfung des Fräuleins mit dem Verdächtigen, der o. bereits erwähnten Beziehung zu der Mutter Brussons, die aber eine entscheidende Rolle in dem Gang der Ereignisse spielt. Denn gerade das frühere vertraute Verhältnis Oliviers zu dem alten Fräulein veranlaßt diesen, den Schmuck Cardillacs in ihr Haus zu bringen, um ihr bei dieser Gelegenheit das schreckliche Geheimnis zu enthüllen. Die Vereitelung dieses Planes durch die Bediensteten ist für die unheilvolle Entwicklung der Ereignisse besonders folgenschwer, was noch verschärft wird durch die Szene vor dem König und die Begegnung der Scuderi und Cardillacs im Salon der Maintenon. Einige Zeit später erfolgt dann die unheimliche Warnung des Fräuleins auf dem Pont Neuf durch Olivier Brusson und die daraus resultierende Enthüllung der geheimnisvollen Hintergründe des Geschehens. Das Fräulein wird von der Polizei mit der Untersuchung des Falles betraut; ihr fällt der Auftrag zu, die unerklärlichen Vorgänge aufzudecken. Sie unterzieht sich dieser Aufgabe, geleitet von einer religiösen Überzeugung: „Es war, als müsse sie der höheren Macht gehorchen, die den Aufschluß irgendeines entsetzlichen Geheimnisses von ihr verlange, als könne sie sich nicht mehr den wunderbaren Verschlingungen entziehen, in die sie willenlos geraten." Jedoch kann diese Stelle nicht so gedeutet werden, als handle hier das Fräulein von Scuderi wie eine willenlose Marionette in den Händen des Autor-Regisseurs. In Hoffmanns eigenen Worten heißt es von ihr stattdessen: „... in ihr regte sich aus dem tiefsten Innern heraus die Ahnung eines Geheimnisses, der Glaube an Oliviers Unschuld." Sie erscheint von Seiten des Autors mit einer besonderen Funktion bedacht: Sie vertraut mehr der inneren Stimme als dem Augenschein, während die Richter dem Gesetz der Wahrscheinlichkeit verpflichtet sind. Dabei verfährt sie durchaus rational und überläßt sich in ihren Kombinationen nicht nur passiven Intuitionen. Dies zeigt sich darin, daß sie nach Oliviers Verhaftung Nachforschungen anstellt und die möglichen Motive der Betroffenen prüft" „Genau alles prüfend, davon ausgehend, daß Olivier, unerachtend alles dessen, was laut für seine Unschuld spräche, dennoch Cardillacs Mörder gewesen, fand die Scuderi im Reich der Möglichkeiten keinen Beweggrund zu der entsetzlichen Tat, die in jedem Fall Oliviers Glück zerstören mußte." Sich so mit den möglichen Motiven des Verbrechens befassend, beweist die Scuderi in ihrer Funktion als Schlüsselfigur jene Kombination von Verstand und Gefühl, die das romantische Künstlertum charakterisiert und die letztlich dazu beiträgt, den Unschuldigen von dem Verdacht zu befreien. Ihr ist es zu verdanken, daß sein Fall, wenn auch ungeklärt vor den offiziellen Rechtsinstanzen, durch einen Gnadenakt des Königs niedergeschlagen wird.

Die Hauptgestalt: Der Goldschmied Cardillac

1) Das Motiv der Edelsteine

Ähnlich wie in zahlreichen anderen Erzählungen Hoffmanns handelt es sich hier in der vorliegenden Geschichte um eine Konfrontation zwischen „Tag- und Nachtwelt"; dieser Kontrast findet seine Ausprägung in dem Gegeneinander der Titelfigur, die von Vernunft und Moral bestimmt wird, und der eigentlichen Hauptgestalt des Goldschmieds, in dessen Seelengrund eine dunkle, dämonische Macht ihr Wesen treibt. Diese Gestalt ist nicht von Vernunft und Moral her zu bewerten; sie steht jenseits von Gut und Böse, ist außerhalb der normativen Welt angesiedelt. Beherrscht von den Obsessionen einer an der Welt leidenden Künstlernatur, gehört diese Figur zu der Kategorie von Erscheinungen, die wir in der Romantik häufig antreffen und die als Extremfälle in vielfältigen Spiegelungen das gesamte Werk Hoffmanns durchziehen: Kranke, Pervertierte, Kriminelle und Wahnsinnige. Ins Grauenhafte gewendet, manifestiert sich dieser pathologische Zug in Cardillacs mörderischer Leidenschaft zu Gold und Juwelen, die er selbst – in einem rückblendenden Bericht – auf den Zwang eines pränatalen Traumas zurückführt: auf ein Erlebnis seiner Mutter in den ersten Wochen ihrer Schwangerschaft. Eines Tages war sie so sehr von dem funkelnden Halsschmuck eines schmuckbehängten Kavaliers fasziniert, daß sie sich von diesem an einen einsamen Ort locken ließ: „Dort schloß er sie brünstig in seine Arme, meine Mutter faßte nach der schönen Kette, aber in demselben Augenblick sank er nieder und riß meine Mutter mit zu Boden. Sei es, daß ihn der Schlag plötzlich getroffen, oder aus einer anderen Ursache; genug, er war tot. Vergebens war das Mühen meiner Mutter, sich den im Todeskampf erstarrten Armen des Leichnams zu entwinden. Die hohlen Augen, deren Sehkraft erloschen, auf sie gerichtet, wälzte der Tote sich mit ihr auf dem Boden." Die hier ausführlich wiedergegebene Stelle ist sowohl inhaltlich wie stilistisch von höchster Brisanz. Die düstere Faszination des Grauenhaften, wie sie hier in der Ausmalung der schauderhaften Szene mit dem schmuckbehängten Kavalier zum Ausdruck kommt, überschreitet bei Hoffmann nicht selten die Grenzen des Wahrscheinlichen; die Textstelle ist ebenso charakteristisch für seine Thematik des Schauderhaften wie für die Exaltiertheit seines Stils. Im Zuge dieses vorgeburtlichen Einflusses, in dem Erkenntnisse der Psychoanalyse vorweggenommen sind, gibt Cardillac selbst eine Begründung seines Schicksals: „Mein böser Stern war aufgegangen und hatte den Funken hinabgeschossen, der in mir eine der seltsamsten und verderblichsten Leidenschaften entzündet." In Hoffmanns Bildsprache werden hier die ,Funken', von denen o. die Rede ist, als böse feindliche Kräfte gesehen, die in das Innere des Menschen verderblich eindringen, gleichsam wie ein fremder Wille, der in der Seele des Menschen Macht gewinnt. Der Bereich des ,Funkelnden' in der Bildwahl ist für Hoffmann sowohl im Positiven wie im Negativen charakteristisch: von Ludwig dem XIV. wird als dem „Polarstern" gesprochen; häufig redet Hoffmann von „funkelnden Augen" in Analogie zu „funkelnden Steinen". Das Sternmotiv wird – wie wir sehen – ambivalent gebraucht: wenn in der o. zitierten Stelle vom „bösen Stern" gesprochen wird, so heißt es aber auch im Hinblick auf das Fräulein von Scuderi, sie solle der „gute Stern" für die Liebenden sein.

Die makabre Anekdote ist von zentraler Bedeutung für das Geschehen um die Hauptgestalt; der Goldschmied selbst erkennt in ihr das Grundmuster, nach welchem sein Geschick sich vollzieht. Daher widersprechen wir hier Marianne

Thalmann, die ihr lediglich periphere Bedeutung zuerkennt: "Daß er (Cardillac) durch die Leidenschaft der Mutter für Edelsteine belastet erscheint, daß er sozusagen einen benennbaren Dämon in sich hat, ist fast nur eine popularisierende Wendung für den lesenden Laien."[20] Eine solche Auslegung nimmt den Autor zu wenig beim Wort, sie übersieht die „Genauigkeit", mit der „hier ein Symbolnexus zum Hauptgeschehen geknüpft wird."[21]

Man hat das in dieser Szene berichtete Phänomen des pränatalen Traumas als Frühform der späteren vererbungswissenschaftlichen Erkenntnisse am Ende des 19. Jahrhunderts sehen wollen. So einleuchtend das auch sein mag, ist es dennoch evident, daß es Hoffmann nicht vordringlich um eine biologische Gestzmäßigkeit ging. Das romantische Motiv der Leidenschaft für die edlen Steine, das in der Cardillacgestalt ins Dämonische gesteigert wird, „ist die unbegriffene Sehnsucht nach dem Karfunkel im eigenen Innern."[29]

Hoffmann verweilt in dieser Szene – wie auch häufig an andern Stellen der Erzählung – intensiv bei dem Eindruck, den das Funkeln des Schmucks auf den Beschauer macht. Hier erscheint er als ein dämonischer Zwang, der nach der deutlich ausgesprochenen Meinung des Autors auf den Sohn so schon im Mutterleib übertragen wird. Häufig nimmt Hoffmann in seinen Erzählungen seine Bilder und Beispiele aus der Welt der edlen Steine; auch Cardillac ist innig vertraut mit ihrem Wesen. Nach altem Glauben sind Edelsteine aus den klaren Wassern des Paradieses geborgen, aus Äther-

---

[20] Marianne Thalmann: E.T.A. H., „Das Fräulein v. Scuderi" a. a. O. S. 24
[21] Claudio Magris: „Die andere Vernunft". E.T.A. Hoffmann. Verl. Anton Hain 1980, S. 30
[22] ebd.

kräften der Sonne, der Sterne und des Mondes. Sie sind die Schätze der göttlichen Erdmutter, Reste des Feuerballs, der vor der Entstehung der Erde war. „Aus dieser Vermählung von Heißem und Kaltem, Flüssigem und Festem, aus Druck und Gegendruck entstand der Kristall, wuchs der Edelstein, der Zeuge rätselhafter Schöpfungstaten, ein erlauchtes, zauberhaftes Geschöpf ... Der Geist der Flamme ist in ihnen steinern verkörpert. Sie gleichen den Tränen der Sterne, vergossen in die düstere Unterwelt." (Aus: Das kleine Buch der Edelsteine, Inselverlag). Warum sind alle Königskronen mit Edelsteinen geschmückt? Warum gehören „Schatz-kammern" noch immer in Königspalästen, Domen und Tempeln zu den Orten, die selbst die Menschenmassen un-serer nüchternen Zeit mit unwiderstehlicher Kraft anziehen? Sensationslust allein erklärt nicht alles; wohl mag noch eine Spur jener alten Vorstellungen hier unbewußt lebendig sein, die im strahlenden Glanz der Steine ihren paradiesischen Ursprung erahnt. Nach Hoffmanns Zeitgenossen G. H. Schubert stehen die durchsichtigen Mineralien, die Kri-stalle, „auf der höchsten Stufe irdischer Vollendung"[23]. Bei Schubert findet sich die Gleichsetzung von Wasser und Kri-stall; er spricht eine Sprache, die der Sprache der Alchimi-sten ähnelt.

Unter den Gestalten in Hoffmanns Erzählungen sind einige, die mit Metallen und Edelsteinen arbeiten: die berühmteste von ihnen ist der Goldschmied Cardillac in der Scuderi-No-velle. In der Erzählung „Die Brautwahl" tritt auch ein Gold-schmied auf, der eine solche Beschäftigung mit edlen Stei-nen – im Gegensatz zu jeglicher anderen bürgerlichen Tä-tigkeit – als „Künstlertum" heraushebt: „Ich bin weder Gehei-mer Rat noch Geheimer Kanzlei-Schreiber, sondern nichts

---

[23] G. H. Schubert: Ahndungen einer allgemeinen Geschichte des Lebens. Leipzig 1806, S. 337 f.

weniger als ein Künstler, der mit edlen Metallen und köstlichem Gestein arbeitet ...". Auch um ihn ist jene dunkeldämonische Ausstrahlung, die von einer ihm innewohnenden Macht auszugehen scheint: „... was in seiner Nähe jedem ein seltsames, beinahe unheimliches Gefühl einflößen mußte."[24] In der Scuderi-Novelle wird Ähnliches von Cardillacs Wirkung auf die Umwelt gesagt.

Die Faszination, die von Metallen und edlen Steinen ausgeht, ist ein allgemein-romantisches Motiv; es findet sich u. a. bei Tieck und vor allem bei Novalis. In seinen „Liedern des Bergmanns" preist er diesen als den „Herrn der Erde", der eingeweiht ist in das Geheimnis der edlen Steine und Metalle, die aus den Tiefen der Erde kommen:

> „Er führt des Goldes Ströme
> In seines Königs Haus.
> Und schmückt die Diademe
> mit edlen Steinen aus. –"[25]

Das gleiche göttliche Leben – so verkündet es Novalis in seinem Roman „Heinrich von Ofterdingen" – durchdringt alle Formen des Seins, die Menschen, die Tiere, die Pflanzen, die Edelsteine in der Erde. Aber nicht überall in den Werken der Romantik begegnet man jenem innig-kindlichen Einverständnis mit dem gesamten Kosmos wie bei Novalis. In Tiecks „Runenberg" z. B. sind es die große geheimnisvolle Frau vom Berge und die Edelsteine der Erde, die den Helden ins Verderben locken. In der romantischen Dichtung wird diese Ambivalenz erfahren: Der Schoß der Mutter Erde kann zerstörerisch, aber auch rettend sein. Es kann die unterirdische Höhle sein, in die Heinrich von

---

[24] E.T.A. Hoffmann „Die Brautwahl" In: E.T.A. H. „Der unheimliche Gast u. andere Erz.", Insel Taschenbuch 1977, S. 253

[25] Novalis Werke, Bd. 2, Verl. Lambert Schneider Berlin 1943, S. 326

Ofterdingen hinabsteigt, um sich in die Glückseligkeit des Wassers zu versenken, die dem „entzündeten Gold und einer Abendwolke" gleicht, es kann aber auch jene unterirdische Höhle sein, in der der Held von Hoffmanns Erzählung „Die Bergwerke zu Falun" ins Verderben geführt wird.

Anders als bei Novalis erscheint das Motiv der Faszination durch die Steine bei Hoffmann: nicht eindeutig, sondern ambivalent. In der „Prinzessin Brambilla" wird eine geheimnisvolle Entsprechung von „Erdinnern" und dem „Innern des Menschen" erreicht, wenn es dort heißt: „Welch eine herrliche Welt liegt in unserer Brust verschlossen! Wie so tot, so bettelarm, so maulworfsblind, wär unser Leben, hätte der Weltgeist uns Söldlinge der Natur nicht ausgestattet mit jener unvergleichlichen Diamantgrube in unserm Innern, aus der uns in Schimmer und Glanz das wunderbare Reich aufstrahlt, das unser Eigentum geworden."[26]

Aber nicht alle der Hoffmannschen Gestalten gelangen zu jener heiteren Gelassenheit, wie sie in dem Zitat aus der „Prinzessin Brambilla" zum Ausdruck gebracht wird und wie sie – Serapion betreffend – in der Rahmenhandlung „Die Serapionsbrüder" Gestalt gewinnt. In Cardillac entfacht diese Faszination eine mörderische Lust; das Funkelnd-Veführerische der Steine erweckt die Begierde, zu rauben und zu töten.

---

[26] E.T.A. Hoffmann „Die Prinzessin Brambilla", Berlin u. Weimar 1982, S. 1

2) Das Problem des Künstlers in Hoffmannscher Sicht

Wie o. bereits angedeutet, ist die Cardillac-Gestalt eine Parallelfigur zu dem Goldschmied in der Novelle „Die Brautwahl"; auch er nennt sich „Künstler", der mit Metallen und köstlichem Gestein arbeitet. Auch in ihm bewirken die Edelsteine jene unbezwingliche Lust, sie durch seine Goldschmiedekunst zu höchster Pracht zu schleifen und zu fassen. Aber schon seine Jugendgeschichte enthüllt – unter dem Trauma des pränatalen Erlebnisses – jenen dämonischen Zug, der das künstlerische Streben nach höchster Leistung mit verbrecherischen Neigungen verbindet. In einer der Rückblenden, die die Struktur dieser Erzählung kennzeichnen, wird von Cardillac selber berichtet, daß seine Faszination von den Juwelen zu frühen Diebstählen geführt und ihn dann später dazu getrieben habe, sich der kunstvollen Verarbeitung der Steine zuzuwenden, bei der er es bald zu höchster Meisterschaft brachte. Aber unter der Macht dunkler Gedanken – hier haben wir es ganz eindeutig mit dem pathologischen Fall eines Menschen zu tun, der unter Zwang handelt – fühlt er sich dazu getrieben, die vollendeten und ausgelieferten Kunstwerke mit Gewalt wieder an sich zu bringen, und sei es durch Raub und Mord. Er spricht von „unheimlichen Stimmen", von „dunklen Gestalten", von „Gespenstern", von der „lispelnden Stimme des Satans" und davon, daß er es „tun muß": „Nun wußte ich, was mein böser Stern wollte, ich mußte ihm nachgehen oder untergehen." Wir werden hier an die Vorzimmer der Irrenhäuser erinnert, so deutlich wird das Bild von Wahnsinnsphantasien beschworen, verbunden mit Vorstellungen aus dem Bereich des Religiösen, daß diese Zwänge nichts mit seiner unsterblichen Seele zu tun hätten. Verquickung mit religiösen Bildern findet sich häufig in Hoffmanns Werk, z. B. im „Sandmann", in dem Nathanael davon spricht, daß

„das Phänomen unseren eigenen Ichs, dessen innige Verwandtschaft und dessen tiefe Einwirkung auf unser Gemüt
uns in die Hölle wirft, oder in den Himmel verzückt." Ähnlich
wie Cardillac verdeutlicht Nathanael, daß wir Menschen
nicht frei sind, sondern „sich frei wähnend, nur dunklen
Mächten zum grausamen Spiel" [27] dienen. Cardillac spricht
von der Furcht vor etwas Entsetzlichem, dessen Schauer
aus einem fernen Jenseits herüber wehen in die Zeit. Es
gibt eine Stelle in der Novelle, wo Cardillac eine Begründung seiner mörderischen Unternehmungen gibt: er be-
kennt, er könne es nicht ertragen, seine Kunstwerke in un-
würdigen Händen zu lassen, sie als Tauschobjekte in einer
indifferenten Umwelt vergeudet zu sehen. Dies ist ein
Aspekt, der Hoffmanns eigener künstlerischer Auffassung
entspricht: nicht aus merkantilen Gründen zu produzieren,
sondern einem höheren, spirituellen Gesetz des Daseins zu
gehorchen. Daher ist er bemüht, in Cardillacs Handeln jede
äußerliche Gewinnsucht auszuschalten. Die mörderische
Lust, den funkelnden Schmuck zu behalten oder zurückzuholen, hat mit Gewinnsucht nichts zu tun. Es ist die unbegriffene, dämonische Sehnsucht nach dem ‚Karfunkel' in
seinem Innern, eine Metapher, die in Hoffmanns Dichtung
häufig zu finden ist. Cardillac verkörpert ein Künstlertum,
das der Besessenheit verwandt ist. Etwas davon klingt an in
dem Brief seines Autors, den dieser am 13. Juli 1813 an den
Bamberger Arzt Friedrich Speyer schreibt: „Erinnern Sie
sich nur lebhaft an mein Leben in Bamberg vom ersten Augenblicke meiner Ankunft, und Sie werden gestehen, daß
alles wie eine feindliche dämonische Kraft wirkte, mich
von der Tendenz – oder besser von der Kunst, der ich nun
einmal mein ganzes Dasein, mein Ich in allem Regen und

---

[27] E.T.A. Hoffmann: Der Sandmann. In: Phantasie- und Nachtstücke.
München 1961-65

Bestreben geweiht habe, gewaltsam wegzureißen." In ähnlicher Weise sieht sich der von seiner Kunst besessene Cardillac, nur entzieht sich in der fiktiven Gestalt das Künstlertum jeglicher Willenskontrolle; es ist jenseits von Vernunft und Moral. In der Novelle wird keineswegs beschönigt, daß ein solches dämonisches Künstlertum die Weltordnung stört und lebensbedrohliche Konflikte schafft. Es vernichtet alles, was ihm im Wege steht, und zuletzt sich selbst. Der Autor wird nicht müde, die Konsequenzen einer solchen Lebensform in den düstersten Farben zu schildern. Ob Interpretationsversuche, die angesichts Cardillacs davon sprechen, daß dieser in der Zwiesprache mit den Steinen „zu den Offenbarungen Gottes"[28] vordringe oder daß „über seinem Tode ein Glanz"[29] liege, vom Text aus gerechtfertigt sind, bleibt dahingestellt. In der Erzählung begegnen wir häufiger Vokabeln vom „bösen Stern", von den „Geistern der Hölle" und vom Satan, der seine Hände im Spiel habe. Hoffmann selbst kennzeichnet den Goldschmied als eine zwielichtige Gestalt mit der von Kleist entlehnten berühmten antithetischen Wendung „... der Verfolg wird Euch die Geheimnisse des verruchtesten und zugleich unglücklichsten aller Menschen aufklären."

Die Erscheinung des Goldschmieds Cardillac stellt sich dem Fräulein von Scuderi und der Hofgesellschaft – schon vor dem Einblick in sein Leben durch den Bericht der Rückblende – als ‚Eigenbrödler' dar. Das Fräulein ist es, das im Hinblick auf seine Person die Wortprägung „Meister Sonderling" anwendet. Mehr als bei den anderen Figuren seiner Erzählung verweilt Hoffmann bei der Schilderung von Cardillacs

---

[28] vgl. Marianne Thalmann: E.T.A. Hoffmanns „Fräulein von Scuderi" a. a. O. S. 24

[29] ebd. S. 27

Äußerem. Das geschieht z. B. in der Szene, als der Goldschmied zur Begutachtung des Schmucks an den Hof bestellt wird. Es ist eine der farbigsten und suggestivsten Stellen der Erzählung. Zur Vorbereitung dient das Gespräch
zwischen der Maintenon und der Scuderi; letztere hat sich
mit dem auf geheimnisvolle Weise übersandten Schmuck in
dem Salon der Marquise eingefunden, um ihn dort vorzule-
gen und das Weitere zu beraten. Dabei hat der Autor Gelegenheit, die Wirkung des Schmuckes zu veranschaulichen
und damit zugleich auf den Meister dieser künstlerischen
Arbeit vorzubereiten, indem er von der Schilderung des
Schmuckes zu seinem Urheber hinleitet: „Sie (die Marquise)
nahm den Halsschmuck, die Armbänder heraus und trat damit an das Fenster, wo sie bald die Juwelen an der Sonne
spielen, bald die zierliche Goldarbeit ganz nahe vor die Augen hielt, um nur recht zu schauen, mit welcher wundervollen Kunst jedes kleine Häkchen der verschlungenen Ketten
gearbeitet war."

Mit einer weiteren Variation der bereits an einer o. erwähnten Stelle benutzten Kleistschen Wendung (s. Michael Kohlhaas!): „René Cardillac ... der geschickteste Goldarbeiter in
Paris, einer der kunstreichsten und zugleich sonderbarsten
Menschen seiner Zeit" wird unmittelbar auf den Urheber der
Schmuckarbeit geschlossen. Es folgt eine o. bereits ange-
deutete ausführliche Schilderung seines Äußeren, die sowohl
auf das bei Hoffmann beliebte Motiv des ‚Doppellebens'
hinweist wie auch für seine Darstellungsweise charakteristisch ist: „Eher klein als groß, aber breitschultrig und von
starkem, muskulösem Körperbau hatte Cardillac, hoch in
die fünfziger Jahre vorgerückt, noch die Kraft, die Beweg-
lichkeit des Jünglings. Von dieser Kraft, die ungewöhnlich
zu nennen, zeugte auch das dicke, krause, rötliche Haupt-
haar und das gedrungene, gleißende Antlitz (auffallend hier

die parallele Verwendung der Adjektive für Edelsteine und für das menschliche Antlitz). Wäre Cardillac nicht in Paris als der rechtlichste Ehrenmann, uneigennützig, offen, ohne Hinterhalt, stets zu helfen bereit, bekannt gewesen, sein ganz besonderer Blick aus kleinen, tiefliegenden Augen hätte ihn in den Verdacht heimlicher Tücke und Bosheit bringen können."

Das visuelle Leitmotiv, die grün-funkelnden Augen, findet sich häufig in Hoffmanns Erzählungen, z. B. im „Sandmann", wo von den „grünfunkelnden Katzenaugen" des Coppelius die Rede ist. In der Gestalt des Künstlers Cardillac fehlt jeder romantisierende Zug: er ist schwerfällig, wild und gewalttätig, von dem Dämon des Ungeschicks verfolgt: „... und nun stürzte Cardillac nieder auf die Knie ... sprang auf – rannte wie unsinnig, Sessel – Tische umstürzend, daß Porzellan, Gläser zusammenklirrten, in toller Hast von dannen."

Diese Szene gibt mehr als einen bloßen Charakterisierungseffekt der äußeren Erscheinung: geheimnisvolle Verbindungen ergeben sich zwischen dem Leitmotiv der grünfunkelnden Augen mit der Ausstrahlung der Edelsteine. Das Motiv „Auge-Blick" findet sich in der Erzählung bei sieben Personen, am häufigsten aber bei Cardillac. Die Attribute funkelnd, blitzend, strahlend, glänzend, charakterisieren Hoffmanns Bildsprache in dieser Novelle; bei der Beschreibung der Augen gibt es bei ihm stereotype Formeln: alle Menschen mit funkelnden, glühenden oder stechenden Augen haben magisch-dämonische Kräfte.

Während die Scuderi im Kontakt mit der Umwelt gesehen und dargestellt wird, umrahmt von ihren Bediensteten, dem Pflegesohn der Maintenon, eine typische Gesellschaftsdame also: gesellig und im höfischen Leben zu Hause –, steht Cardillac – Meister Sonderling – allein, hat lediglich

Verbindung zur Tochter. Er vertritt ganz eindeutig die Position des Außenseiters. Diesem Typ entsprechend, wirkt er in seinem Auftreten und Verhalten befremdend, was ihm z. B. in höfischen Kreisen als Künstlermarotte herablassend zugestanden wird.

Diese Hoffmannschen Außenseiter stehen in einem Mißverhältnis zur Umwelt; in ihrem Verhalten spiegeln sie die Exzenrtität des typischen Sonderlings. Sie rennen, hasten, stürzen durch die Räume: „...so war er imstande, wie unsinnig umherzulaufen, sich, seine Arbeit und alles um sich her verwünschend ...". Häufig finden sich Vergleiche aus dem Bereich des Satanischen in der Charakteristik der Cardillac-Figur; es heißt gelegentlich, er „lache wie der Teufel" u. ä. Oft verfällt er in düstere Gedanken und Träumereien, begleitet von unkontrollierten Gesten: „... und warf bald die Hände auf den Rücken, bald streichelte er leise Kinn und Wange."

Helden dieser Kategorie sind Träumer und verstörte Menschen mit schizophrenen Zügen; sie wirken in einer bürgerlichen Umgebung befremdend und grotesk. Sie sind zerfahren und zerstreut, aber ihre Zerstreutheit ist in der Umkehrung eine Konzentriertheit, die auf etwas anderes gerichtet ist, als was die normative Umwelt verlangt. Sie sind – auch ein Zeichen ihrer Abwesenheit – in ihrer Gestik ewig rastlos, immer hastig und in Eile, rennen durch die Straßen und durch die Räume, stolpern und werfen Gegenstände um, fallen nieder und springen auf. Auch in ihrer Mimik geschieht dauernd ein Ausbrechen aus dem Normativen in Groteske und Verzerrung: plötzliches Erbleichen, tückische Blicke, grimassenhaftes Muskelspiel, vollständige Erstarrung, rasches und gewaltsames Zupacken, wie es sich z. B. demonstriert, wenn Cardillac seine Kunden die Treppe hinunter wirft. In einem so dämonisch auftretenden Künstlertum ist das Motiv von Zerstörung und Selbstzerstörung zwangsläufig gegeben, wie es dann im Schicksal des Cardillac sich vor unseren Augen vollzieht. Diese ebenso finstere wie grandiose Gestalt wird zwar nicht von den irdischen Gerichten abgeurteilt; dennoch wird sie vom Autor nicht glorifiziert, sondern mit allen Attributen des Abscheulichen wie „verrucht", „satanisch", „höllisch" u.s.w. von einer Umwelt abgeurteilt, die durchaus nicht von Desgrais und La Régnie bestimmt wird, sondern von jenen, die in der Geschichte im Rahmen ihrer Humanität die Oberhand behalten.

Struktur und Stil der Erzählung

Die Novelle hat keine deutlich abgegrenzten Kapitelfolgen, doch ließe sie sich in etwa zwanzig Abschnitte einteilen, wobei aber von keiner Chronologie der Ereignisse in der Erzählfolge die Rede sein kann. Der Autor springt in der 1. Szene – Überreichung des Kästchens durch Olivier im Hause der Scuderi – in medias res, vermittelt dann dem Leser den Hintergrund der historischen Ereignisse und führt ihn über die Rolle des Scuderi zu der rätselhaften Hauptfigur des künstlerischen Goldschmieds Cardillac, dessen Geheimnis bis zur Aufdeckung seiner Verbrechen noch unaufgeklärt bleibt. –

Hoffmanns Erzählstruktur ist durch die doppelte Rückblende charakterisiert: die Erzählung Oliviers und – darin eingerückt – die Erzählung Cardillacs.

Die Eingangsszene, die eine Art Exposition darstellt, ist besonders gekennzeichnet durch ihren starken Spannungseffekt: im Auftreten des leidenschaftlich bewegten Jünglings werden in Mimik und Gestik alle Register der Schauer-Dramatik gezogen. Wir werden an eine Szene der Opernbühne

47

mit ihren melodramatischen Effekten erinnert. Virtuos weiß der Autor zu Beginn der Erzählung die Erwartung seiner Leser zu wecken und zu steigern, indem von der Martinière auf die schlimmen Ereignisse in Paris hingewiesen und die unheimliche Erscheinung des Jünglings damit in Zusammenhang gebracht wird.

In der Geschichte ist der Erzählinhalt zwar nachvollziehbar, aber nicht in chronologischer Folge abgehandelt; die Reihenfolge der mitgeteilten Geschehnisse bleibt gänzlich von der zeitlichen Kontinuität unabhängig. Die Zusammenhänge werden durch die Erzählung **in** der Erzählung hergestellt.

Hoffmanns Neigung zum Spiel mit den sprachlichen Mitteln zeigt einen hohen Anteil an stereotypen Wendungen. Seine Ausdrucksweise ist affektbetont und exaltiert. Grelle Superlative des Grauens beherrschen die Wortwahl in der vorliegenden Novelle und in vielen seiner Erzählungen, z. B. „die verruchtesten Greueltaten" – „teuflische Erfindung der Hölle" – „Ungeheuer" – „höllische Mahlzeiten" – „das entsetzliche Beispiel" – „das ganze höllische Arsenal des Giftmords" – „unsichtbares, tückisches Gespenst" – „verwilderte Blicke" u. ä. – Seine Darstellung ist voll von emotionalen Wendungen, die an Kleist erinnern: „Desgrais schäumte vor Wut" (vgl. ‚Kohlhaas'!) – „wie ein Wetterstrahl" – „gleich einem Rasenden" (s. Kleist ‚Bettelweib'!) – „die verruchtesten Meuchelmörder". Dies ist ein bewußt angestrebter Effektstil, grotesk und voller Übertreibungen, der an Theater und Opera Buffa erinnert. Es gibt eine Fülle von Adjektiven, die optische Eindrücke wiedergeben: „funkelnd" – „blitzend" – „strahlend" – „glänzend", ebenso eine Fülle von Verben, die akustische Eindrücke vermitteln: „rauschen" – „brausen" – „schreien" – „lärmen". In der Scuderi-Novelle herrschen Bewegungsverben vor: „heraus- oder umrennen" –

„forteilen" – „hinausstürzen" – „hervorschlüpfen" – „schleichen" – „zurückprallen" u. ä. Auffällig ist die Übertreibung und Übersteigerung bei den Formulierungen des Unheimlichen; Adjektive, weniger beschreibender als beurteilender Natur sind vorherrschend; in dieser Hinsicht neigt Hoffmann zu stereotypen Wendungen wie „der schöne Lilienbusen" – „die wunderbare Schönheit des Engelkindes", die z. B. der Gestalt der Madelon jenes Typisierte verleihen, das sie innerhalb der Gruppierung der Personen kennzeichnet. Diese gelegentliche Neigung zu solchen stereotypem Ausdrükken, die Bevorzugung der Superlative und Übersteigerungen gibt dieser Darstellungsweise, so fesselnd sie sein mag, stellenweise etwas Verwischendes, ein ins Ungenaue zerfließendes Element.

In der vorliegenden Erzählung spielt die Wortwahl aus dem optischen Bereich eine besondere Rolle: Farbbezeichnungen stehen im Vordergrund. Beleuchtungseffekte im Zusammenhang mit der Atmosphäre des Unheimlichen und Geheimnisvollen werden ausgemalt: „Kerzenschimmer" – „Nachtlampe" – „Mondesstrahlen". Zahlreiche Bilder und Vergleiche aus dem Bereich des Lichts beherrschen die Wortwahl: „Blitzesschnelle" – „wie der tötende Blitz" – „wie ein Wetterstrahl". Zwei visuelle Motive sind es, die in Beziehung stehen und in ihrer Verbindung immer wieder in der Scuderi-Novelle wie auch in anderen Erzählungen Hoffmanns auftauchen: Auge und Diamant. Wie von den „blitzenden Augen" des Königs gesprochen wird, von den „funkelnden Augen Oliviers", so ist die Rede von den Brillanten, die in dem Kästchen „in rötlichem Schimmer aufblitzen". Edelsteine als Bildvergleiche beherrschen den Text: das „Funkelnde" ist das zentrale Leitmotiv dieser Erzählung; Steine funkeln auf dem grünbehängten Tisch, der Autor spricht von den grünfunkelnden Augen Cardillacs, wir hören von der Begierde nach den funkelnden Steinen und von dem Glanz der strahlenden Diamanten.

Ein Blick von der Wortwahl zum Satzbau zeigt Hoffmanns Vorliebe für das Partizip Präsens; seltener tritt das Partizip Perfekt auf, wobei dann häufig das Fehlen des ergänzenden Hilfsverbs auffällt. Es zeigt sich bei Hoffmann die Neigung, die Satzverbindungen aufzulösen in einzelne kurze Sprechtakte, Ausrufe, Satzbrocken, durch Gedankenstriche getrennt, die der Aussage etwas Überhastetes und Abgehacktes verleihen. Hoffmann hat auch eine Vorliebe für rhetorische Fragen: z. B. Scuderi: „Muß das noch geschehen im hohen Alter?" – „Hab ich denn gefrevelt?" – „... was soll diesen welken Armen die eitle Pracht?". Man kann diese Beispiele beliebig erweitern. Ähnlich wirken auch die häufig vorkommenden Rufsätze, die den gleichmäßigen Fluß der Sprache zerreißen: „O du ewige Macht des Himmels, wie geschah mir, als ich das Engelsbild sah! Hat je ein Mensch so geliebt wie ich?" (Olivier).

DER GOLDNE TOPF

II. DAS FRÄULEIN VON SCUDERI

Die literarische Position Hoffmanns in der Märchendichtung der Romantik

„Das Märchen ist gleichsam der Kanon der Poesie. Alles Poetische muß märchenhaft sein." Mit diesem berühmt gewordenen Ausspruch umschreibt Novalis seine Märchentheorie; er wird zum Hauptsatz der romantischen Poesie, lange vor der weitreichenden Wirkung der Grimmschen Sammlung „Kinder- und Hausmärchen", und verliert seine Bedeutung auch nicht in der Spätzeit der romantischen Bewegung. Hier wird bewußt eine andere Wirklichkeit neben der alltäglichen wahrgenommen und anerkannt: eine „Wirklichkeit", in der die Maßstäbe von Raum und Zeit aufgehoben sind. Diese neue Vorstellung stand in deutlichem Gegensatz zu der Auffassung des Märchens in der Aufklärung: hier diente das Märchen lediglich dazu, moralische Lehren im märchenhaften Gewand zu vermitteln. Ganz anders ist es bei Novalis, wenn er sagt: „Alle Märchen sind nur Träume von jener heimatlichen Welt, die überall und nirgends ist." Nach Novalis soll das Märchen jenen Urzustand erahnen lassen, in dem Natur- und Geisteswelt eins waren und gleichzeitig auf ein künftiges „goldenes Zeitalter" hinweisen, in dem diese Harmonie wiedergewonnen sein wird. In dieser Weltsicht fällt dem Dichter die Rolle des Propheten zu, der in jenen „höheren Märchen" auf die ersehnte Endzeit hinweist, in der es keine Entzweiung mehr gibt: „Mit der Zeit muß die Geschichte Märchen werden – sie wird wieder, wie sie anfing." In seinen berühmtesten Märchen „Hyazinth und Rosenblütchen" (aus dem Fragment gebliebenen Roman „Die Lehrlinge zu Sais") und „Atlantis" (aus dem Roman Heinrich von Ofterdingen") wird diese Märchentheorie veranschaulicht. So wird das „höhere Märchen" der Romantik, ebenso unterschieden von dem moralischen Märchen der Aufklärung wie auch von dem „Volksmärchen" der Brüder Grimm, zu jener Kategorie, die man als „Kunstmärchen" schlechthin bezeichnet. Gerechfertigt scheint dieser Terminus durch das ästhetische Programm, das die Erzähler selbst mit dieser Gattung verbanden, womit zugleich auch ihr intentioneller Charakter gekennzeichnet ist.

Der Grundgedanke dieser Theorie, die greifbare „Realität" zugunsten einer höheren Erlebniswelt aufzuheben, manifestiert sich mehr oder weniger in allen Märchendichtungen der Romantik: bei Novalis, Tieck, Wackenroder und auch bei Hoffmann. Aber wenn auch gewisse Verbindungslinien

zwischen den genannten Autoren und Hoffmann bestehen
– z. B. findet sich der Titel „Atlantis" auch bei Hoffmann im
„Goldnen Topf" als Sinnbild für das Reich der Poesie – so
besteht doch insgesamt ein wesentlicher Unterschied in der
Position, die Hoffmann im Bereich des Kunstmärchens der
Romantik einnimmt. Die stärkste Beeinflussung seiner eigenen Schöpfungen kam ihm von Tieck, wenn er auch deutlich zum Ausdruck gebracht hat, daß er mit seinem Märchen
„Der goldne Topf", in dem er Märchenzeit und „neue" Zeit
zu einer Einheit verbunden hat, in Neuland vorgestoßen sei.
Bei Tieck in seinen Märchen „Der blonde Eckbert", „Blau-
bart", „Der Runenberg", „Die Elfen" sind Alltagsrealität und
Märchenwelt anfangs noch scharf voneinander getrennt;
später dringt das „Wunderbare" in Form der Bedrohung in
die Alltagswelt ein und löst die Perspektive des Wirklichen
auf. Stärker als bei den übrigen Dichtern und Erzählern der
Romantik werden jene Übertretungen zwischen der Alltagswelt und der Welt des „Wunderbaren" als psychische Erscheinungen beschrieben, ein Tatbestand, der den Unterschied zum Volksmärchen deutlich akzentuiert. Bei Tieck
bleibt – wie z. B. auch in „Die Elfen" veranschaulicht wird –
der Kontakt zwischen Alltags- und Märchenwelt durchaus
noch fragwürdig; jener nahtlose Übergang von einer Welt in
die andere gelingt erst Hoffmann, dem kompliziertesten unter den Märchendichtern der Romantik., dessen „Realismus" in Verbindung mit der Phantastik des Märchens schon
seinen Zeitgenossen auffiel. „Die seltsame Kunst – so lesen
wir in den ‚Heidelbergischen Jahrbüchern der Literatur,
1815' – womit der Dichter sein Märchen auf sicherem,
wohlbekannten Boden festgründet, ganz der Weise unserer
gewöhnlichen Romantiker entgegen, bei denen alles in Ne-
beln spielt und die ihre Dichtungen nach Spanien, Italien, In-
dien oder gar nach Utopien verlegen ... Unsres Verfassers
Märchen „Der goldne Tppf" spielt in Dresden und in der

neuesten Zeit ... sein dreister Pinsel scheut auch die nächste Nähe nicht ... Mit unnachahmlicher Kunst ist das wechselweise Hervortreten der gemeinen (d. h. der alltäglichen) und der Wunderwelt geschildert ... und wir erinnern uns kaum, den Zauber dieser Doppelanschauung von einem anderen Dichter so geisterhaft und dabei so wahr dargestellt gefunden zu haben." Sehr viel diffiziler, weil in poetischen Bildern ausgedrückt, verdeutlicht Hoffmann selbst sein Anliegen, das Reale „als der im Erzählen entschleierten Verkleidung des Phantastischen"[29] darzustellen, in der Diskussion in den „Serapionsbrüdern" im Anschluß an das Märchen „Die Brautwahl", das in Berlin spielt: „Ich meine, daß die Basis der Himmelsleiter, auf der man hinaufsteigen will in höhere Regionen, befestigt sein müsse im Leben, so daß jeder nachzusteigen vermag. Befindet er sich dann, immer höher und höher hinaufgeklettert, in einem phantastischen Zauberreich, so wird er glauben, dies Reich gehöre auch noch in sein Leben hinein und sei eigentlich der wunderbar herrlichste Teil desselben."

Vergleichend betrachtet, kann uns ein weiterer typischer Zug Hoffmanns nicht entgehen, der ihn von Novalis, Wakkenroder und Tieck deutlich unterscheidet: es ist jener gewisse ironisierende Ton, der gerade da auftritt, wo das höhere Sein sich enthüllen soll. In dem Märchen „Der goldne Topf" finden sich zahlreiche Beispiele dafür. Nachdem Anselmus – am Ende der 1. Vigilie – die Seligkeit mit den goldgrünen Schlänglein erlebt hat, reißt ihn – zu Beginn der 2. Vigilie – eine rauhe Stimme („Der Herr ist wohl nicht bei Troste!") aus seiner Entrückung. Ähnliches geschieht oft im Verlauf des Märchens. Solche Sprünge von dem einen in

---

[29] Ralph Rainer Wuthenov. In: Nachwort zu E.T.A. Hoffmann: „Der unheimliche Gast". Insel Taschenbuch 1976, S. 414

den anderen Bereich zerreißen nicht nur die Stimmung, sondern auch die Einheitlichkeit der sprachlichen Bilder. Dieser Autor versteckt sich oft hinter der „Wehr des Witzes"; gelegentlich dient ihm die „Ironie" als „herrlichstes Mittel, Verrücktheiten zu bemänteln und zu vertreiben". Es ist aber „nicht nur die Tatsache, daß Hoffmann uns dieses bewegte Hinundher zumutet, sondern auch die Art, wie er sprachlich und gerade etwa zu Beginn einer neuen Vigilie diesen Wechsel vornimmt, was uns berechtigt, bei dieser Erzähltechnik von angewandter Ironie zu sprechen."[30] Sie ist als Kunstmittel in seinen sogenannten „Wirklichkeitsmärchen" nicht zu verkennen.

Entstehung und Daten der Publikation

Nach einem Bericht von Hoffmanns Bamberger Freund und Verleger Carl Friedrich Kunz hat der Dichter bereits im Frühjahr 1812 einige Szenen zu seinem Märchen „Der goldne Topf" entworfen, diesen frühen Entwurf aber bald darauf wieder fallen gelassen. Laut Tagebuchnotiz begann er seine dritte und endgültige Fassung am 26. November 1813, also noch in seiner Dresdner Zeit: „Krank zu Hause – jedoch das Märchen ‚Der goldne Topf' mit Glück angefangen." Am 16. 1. 1814 sandte Hoffmann – schon von Leipzig aus – die ersten vier Vigilien mit folgendem Begleitschreiben an Kunz: „... Ich glaube Ihnen eine Gemüthsergötzung zu bereiten, wenn ich Ihnen anliegend die ersten vier Vigilien meines Mährchens sende, das ich selbst für exotisch und in der Idee neu halte; die Idee, die ich beabsichtigt, spricht sich im

---

[30] Helmut Prang: Die romantische Ironie. Erträge der Forschung, Band 12. Wissenschaftliche Buchgesellschaft, Darmstadt 1980, S. 56f.

Anfange der vierten Vigilie aus. Sie thäten mir einen Gefallen, wenn Sie mir diese Reinschrift zurücksendeten – wollen Sie aber schnell den Druck beginnen, so können Sie sich darauf verlassen, daß meinerseits kein Aufenthalt verursacht werden soll, da ich unausgesetzt jetzt arbeite. Ich bemerke aber, daß ich noch mit mir uneins bin, ob ich es bey dem Titel belasse, dann aber auf Ihr und Wetzels (Schriftsteller u. Redakteur des „Fränkischen Merkurs" in Bamberg) Urtheil submittire, ob den Vigilien nicht mit Effekt kurze Inhaltsanzeigen vorzusetzen ... Schreiben Sie mir bald, theurer Freund, und bitte ich ausdrücklich um Nachricht, wie Sie und Wetzel das Mährchen angesprochen."[31]

Die dringende Bitte um eine Beurteilung seiner Arbeit läßt erkennen, wie sehr ihm diese am Herzen lag, wie sehr er aber auch Zuspruch nötig hatte. Über die daraufhin erfolgte Anerkennung von Kunz und Wetzel war Hoffmann erfreut; sie half ihm bei der weiteren Arbeit. Die Tagebuchnotizen berichten regelmäßig über den Fortgang des Märchens, aber erst am 4. März 1814 wird die Beendigung der Reinschrift vermerkt. Dazu schreibt Hoffmann bei der Übersendung der fertiggestellten Arbeit an seinen Verleger: „Ohne Säumnis schicke ich Ihnen in der Anlage das vollendete Mährchen mit dem herzlichen Wunsche, daß es Ihnen in seiner durchgehaltenen Ironie Vergnügen bereiten möge! – Die Idee so das ganz Fabulose, dem aber wie ich glaube, die tiefere Deutung gehöriges Gewicht giebt, in das gewöhnliche Leben keck eintreten zu lassen ist allerdings gewagt und so viel ich weiß von einem teutschen Autor in diesem Maaß noch nicht benutzt worden; Sie können mir auch glauben, theuerster Freund, daß ich mich recht in steter Spannung und Aufmerksamkeit erhalten mußte um ganz in

---

[31] Briefe I, S. 439/40

Ton und Takt zu bleiben. – Wie mir dieses nun gelungen, mögen meine Freunde beurtheilen."[32]

Auf Hoffmanns Neigung, seine zunächst seperat erschienenen Erzählungen und Märchen in Sammlungen zusammenzufassen, ist bereits bei der Betrachtung der „Serapionsbrüder" hingewiesen worden. Auch der „Goldne Topf" wurde in einem Sammelband mit dem Titel „Fantasiestücke in Callot's Manier" aufgenommen, wo er im dritten Band untergebracht ist. Auch hier – wie in den „Serapionsbrüdern" – geht es dem Dichter darum, den einzelnen Erzählungen einen zusammenfassenden Grundgedanken zu geben. In der Sammlung „Fantasiestücke in Callot's Manier" nennt er dieses Thema in einer eigenen Vorbemerkung mit dem Titel „Jaques Callot" (Callot – lothringischer Schöpfer phantastisch-humoristischer Stiche 1592-1638): „Könnte ein Dichter oder Schriftsteller, dem die Gestalten des gewöhnlichen Lebens in seinem innern romantischen Geisterreiche erscheinen, und der sie nun in den Schimmer, von dem sie dort umflossen, wie in einem wunderlichen Putze darstellt, sich nicht wenigstens mit diesem Meister entschuldigen und sagen: Er habe in Callot's Manier arbeiten wollen?"[33] Es ist nicht zu übersehen, daß sich Hoffmann hier auf eine sehr durchsichtige Weise mit seinem Idol identifiziert hat. Der Titel „Fantasiestücke" besagt in der Hoffmannschen Manier „frei nach dem Leben geschaffene Erzählungen, die ganz aus der Imagination entstanden und keiner Kausalität unterworfen sind. Sie tragen den Untertitel „Blätter aus dem Tagebuche eines reisenden Enthusiasten." Die Sammlung (1813-18) umfaßt vier Bände: Bd. 1: (1813) „Ritter Gluck" – „Kreisleriana" – „Gedanken über den hohen Wert der Musik" / Bd. 2: „Nachrichten von den neuesten Schicksalen

---

[32] Briefwechsel I, S. 445

[33] Hoffmann, Fantasiestücke in Callot's Manier, Bamberg 1819, S. 5

des Hundes Berganza" – „Der Magnetiseur" / Bd. 3: „Der goldne Topf" / Bd. 4: „Erzählung vom verlorenen Spiegelbild" u. weitere „Kreisleriana". –

Hoffmann hat zu den beiden ersten Bänden zwei Vignetten gezeichnet, in denen er versucht hat, in Allegorien seine poetologischen Absichten zu veranschaulichen. Der Dichter erscheint als Harfenspieler, dem sich das Geheimnis der Musik in Harfentönen erschließt.[34]

Notizen zur Wirkungsgeschichte

Als das Märchen „Der goldne Topf" im Herbst 1814 erschien, fand es sofort große Beachtung, gelegentlich überschwengliches Lob. Hoffmann selbst hatte große Erwartungen in das Werk gesetzt; er sah sich bei seinem Erscheinen weithin bestätigt. Die Intention des Autors, Realistik und Phantasie in einem neuen Märchenstil zu verbinden, blieb nicht unbemerkt. Besondere Beachtung und Anerkennung fand die Märchendichtung in dem Berliner Romantikerkreis um Chamisso und Fouqué. Die Rezensionen im „Cottaschen Morgenblatt" und in den „Heidelberger Jahrbüchern" lassen erkennen, wie sehr die Intentionen des Autors verstanden worden waren. Der Rezensent des „Cottaschen Morgenblatts" gab folgenden Kommentar, der dem besonderen Charakter dieser neuartigen Märchenkategorie Rechnung trug: „Die kühnste und reichste Phantasie in den wunderbarsten Verbindungen paart sich in dieser herrlichen Dichtung mit ruhiger Besonnenheit und reifer Überlegung ... Hohe Absichtlichkeit und scheinbare phantastische Spielerei, philosophische Konsequenz in der Entwicklung der

---

[34] vgl. dazu E.T.A. Hoffmann: Welt der Klassiker in Farbe. 1981 by Andreas und Andreas, Salzburg, S. 127

zugrunde liegenden Ideen und schalkhafte Ironie durchdringen sich so innig, daß der ernste Denker ebenso befriedigt, als der bloße Unterhaltung suchende Leser dafür gewonnen werden muß."[35] Was heute mit dem Begriff „Wirklichkeitsmärchen" deklariert wird, deutet Wetzel bereits in seiner Rezension in den „Heidelberger Jahrbüchern" an: „Zuerst spricht uns von allen Blättern die seltene Kunst an, womit der Dichter sein Märchen auf sicheren, wohlbekannten Boden festgegründet, ganz der Weise der Romantiker entgegen, bey denen Alles in Nebel spielt ... Unseres Verfassers Mährchen spielt in Dresden und in der neuesten Zeit, sein dreister Pinsel scheut auch die nächste Nähe nicht und der Dichter treibt die Illusion so weit, daß man sich fast versucht fühlt, um nähere Auskunft nach dem Ort selbst hinzuschreiben. Auch sind die Figuren seines Mährchens mit so ergreifender Wahrheit, so hinreißender Natur gezeichnet, daß man schwören sollte, man habe sie gekannt und sei mit ihnen umgegangen."[36]

Nur die goetheanisch gesinnte, Goethe nahestehende „Jenaische Allgemeine Literatur-Zeitung" teilte diesen Enthusiasmus nicht; sie äußerte sich im Sinne der Weimarer Ästhetik abschätzig über die romantische Unart, gar zu oft in das Alberne einen phantastischen Sinn hineinzulegen. Goethes Ablehnung der Romantik im allgemeinen und Hoffmanns im besonderen ist bekannt; sie spiegelt sich deutlich in seiner Tagebuchnotiz vom 21. Mai 1827: „Den goldnen Becher angefangen zu lesen. Bekam mir schlecht; ich verwünschte die goldnen Schlänglein." Für Goethe gehörte Hoffmann zu jenen Figuren der Romantikergeneration, die –

---

[35] Morgenblatt f. gebildete Stände, 15. 4. 1815, Beilage zu Nr. 90: Übersicht der neuesten Literatur, Nr 4, S. 14 f. Verlag Cotta, Stuttgart und Tübingen.

[36] F. G. Wetzel: „Ein Hymnus auf die Poesie". In: Heidelberger Jahrbücher der Literatur, Nr. 66, 1815, S. 1050-1056.

nach einem Ausspruch von ihm „auf der Kippe standen" und denen er – vielleicht aus Selbstschutz im Hinblick auf eine verborgene Anfälligkeit – aus dem Wege ging, wie er sich ähnlich gegenüber Kleist verhalten hatte.

Trotz dieser Gegenstimmen begann mit dem Erscheinen des „Golden Topfes" Hoffmanns spezifisch literarischer Ruhm. Bis 1813 vorwiegend als Musikschriftsteller bekannt, wurde er nun zu einer literarischen Berühmtheit, die im Berliner Kreis der Literaten hohe Anerkennung genoß. Trotz mancher gelungenen Erzählungen in den Jahren vorher – die beiden Bände 1 u. 2 der Sammlung der „Fantasiestücke" waren bereits erschienen – wird Hoffmann erst mit dem Erscheinen dieser Märchenerzählung zur prominenten Figur der literarischen Szene, was auch darin zum Ausdruck kommt, daß sich die Verleger der Taschenbücher, Almanache und Kalender um seine Mitarbeit reißen.

„Der goldne Topf" gilt auch heute noch als Hoffmanns bedeutendstes und spektakulärstes Werk, da in ihm bereits die Hauptthemen seiner späteren Erzählungen anklingen.

Szenerie, Stoff und Erzählstruktur

Hoffmann hat sein „Märchen aus der neuen Zeit" in zwölf Kapitel eingeteilt, die er „Vigilien" nennt. Er benutzt hier zur Stoffgliederung einen Terminus aus dem Bereich des Kirchlich-Religiösen. „Vigilie" bedeutet „Nachtwache": in der katholischen Kirche „Stundengebet als Vorfeier eines Kirchenfestes". Der Untertitel „Märchen as der neuen Zeit" bestimmt den Doppelcharakter von Märchenzeit und Umwelt des Jetzt und Hier; er erklärt zugleich die Genauigkeit, mit der das Dresdner Lokal in der Hoffmannschen Gegenwart dargestellt wird. Das Märchen spielt am Himmelfahrtstage nachmittags um drei Uhr in Dresden, seinem Entstehungsort. Die erwähnten Örtlichkeiten sind exakt zu bestimmen: so das „Schwarze Tor" im Nordwesten der Dresdner Neustadt, das „Linkesche Bad", ein beliebter Ausflugsort außerhalb der Stadt. Ebenso wird die Hauptperson des Märchens, der Student Anselmus, mit Namen und Position im bürgerlichen Leben bekannt gemacht, zu der Dresdner Umwelt in Beziehung gesetzt, indem der Dichter ihn, durch das Schwarze Tor rennend, in die Geschichte einführt. „Schwarzes Tor", „Allee zum Linkeschen Bade", „Antons Garten": das ist in allen Einzelheiten das Dresden von Hoffmanns Gegenwart, so genau ist die Landschaft des Märchens kartographiert. Auch die Gestalten sind die nach Rang und Namen bestimmten Repräsentanten einer Residenzstadt Deutschlands im 19. Jahrhundert: Registrator Heerbrand, Konrektor Paulmann, Archivarius Lindhorst u. a.

Ein dramatischer Anfang bringt die Handlung in Gang: der Student Anselmus, durch das Schwarze Tor rennend, stolpert aus Ungeschicklichkeit in einen Äpfelkorb, den ein altes Weib auf dem Markt feilbietet. Die an sich alltägliche Szene gewinnt einen unheimlichen Aspekt durch die rätselhaften Worte, die die Alte dem Studenten nachruft: „Ja renne – renne nur zu, Satanskind – ins Kristall bald dein Fall – ins Kristall". Die seltsame, wie eine Verwünschung klingende Prophetie ist die Vorbereitung zu der Holunderbuschszene, eine jener Nahtstellen, an denen sich das Wunderbare im Alltäglichen entfaltet. Unter einem beliebigen Holunderbusch, wo Anselmus seine Pfeife raucht, erscheinen plötzlich die drei gold-grünen Schlänglein, deren Tanz vom Dreiklang heller Kristallglocken begleitet wird und deren eine mit ihren „dunkelblauen Augen" glühende Sehnsucht in seiner Seele weckt. Die Szene unter dem

Holunderbusch erinnert an die „Holunderbuschszene" in Kleists Schauspiel „Das Käthchen von Heilbronn", an dessen Aufführung am Bamberger Theater Hoffmann maßgeblich mitgewirkt und das einen großen Eindruck auf ihn gemacht hatte. Dort ist der Holunderbusch der Ort, an dem das in tiefen Schlaf gesunkene Käthchen von Wetter v. Strahl belauscht und befragt wird. Käthchens magnetischen Schlaf, das „expansive Hinaustreten des Empfindungsvermögens aus seinem gewöhnlichen Kreise", wie der Naturphilosoph Gotthilf Heinrich Schubert in seinem 1808 veröffentlichten „Ansichten von der Nachtseite der Naturwissenschaften" ihn kennzeichnet, könnte man mit Anselmus' Verhalten unter dem Holunderbaum annähernd vergleichen. Sowohl die Käthchenszene wie auch die Art des Wachtraumerlebnisses von Anselmus unter dem Holunderbaum zeigen die Gleichzeitigkeit und Wechselwirkung zwischen innerer und äußerer Welt in Form einer Duplizität, was nicht zwei getrennte Welten, sondern eine „Doppelheit" besagen will.

Zunächst mißtraut Anselmus seinen Sinnen und weiß nicht, ob er betrunken, wahnsinnig oder krank ist; ein fröhlicher Abend in der gewohnten Gesellschaft mit Konrektor Paulmann und dessen Tochter Veronika vertreibt vorübergehend die „Fantasmen", wie seine bürgerlichen Freunde seine Merkwürdigkeiten umschreiben. Aber die Bekanntschaft mit dem Archivarius Lindhorst, für den er durch Registrator Heerbrands Vermittlung arabische und koptische Manuskripte abschreibt, führt ihn in ein Zauberreich, dessen wunderbare Erscheinungen den Studenten ebenso erschrecken wie beseligen. Von dem Archivarius Lindhorst, dessen bürgerliche Gestalt sich vorübergehend wunderlich verändert, erfährt er, daß die gold-grünen Schlänglein dessen Töchter sind und daß die dunkelblauen Augen, die er seit der Holunderbuschszene nicht vergessen kann, der holden Serpentina, der jüngsten Tochter von Lindhorst gehören. In der Wohnung des Archivarius, hinter dessen bürgerlicher Fassade sich ein exotischer Palmengarten verbirgt, sieht er Serpentina, zwischen Schlänglein und Mädchenbild wechselnd, wieder; dort erblickt er auch zum erstenmal das Titelsymbol, den goldnen Topf, die Mitgift Serpentinas und ein Sinnbild künftigen Glücks. Von Serpentina erfährt er, daß sich hinter der bürgerlichen Gestalt des Archivars ein Salamander, ein Erdgeist, verbirgt, der zur Strafe für eine in mythischer Zeit begangene Freveltat sich jetzt den beschränkten Gewohnheiten des alltäglichen Lebens unterwerfen muß, bis seine drei Töchter, die gold-grünen Schlänglein, Jünglinge gefunden hätten, die wie Anselmus ein poetisches Gemüt besäßen.

Die Liebe zwischen Anselmus und Serpentina wird vorübergehend durch ein „feindliches Prinzip" gestört: das Äpfelweib, das der mythischen Verbindung einer Runkelrübe mit der Feder eines Drachens entstammt, versucht, den goldnen Topf zu rauben; ein Blick in einem von ihr gegossenen Metallspiegel, den sie Veronika verschafft, versetzt Anselmus in den Glauben, er liebe nur die bürgerliche Veronika und nicht Serpentina. Sogleich verliert er die Fähigkeit, das Wunderbare zu sehen: Der Palmengarten Lindhorsts erscheint ihm als ein armseliger Küchengarten, die Bibliothek, deren azurblauer Glanz ihn vorher entzückt hatte, als armselig ausgestattetes Zimmer. Als er zum Unglück noch in seiner Verwirrung und Entfremdung von Serpentina ein Manuskript mit Tinte bekleckst, wird die Prophezeiung des Äpfelweibes wahr und er wird Gefangener in einer Kristallflasche. Nun erkennt er die Enge bürgerlichen Glücks, das ihn vorübergehend von Serpentina und dem Glauben an sie getrennt hatte. Endgültig entscheidet er sich für Serpentina und gelangt – nach der Überwindung des Äpfelweibes durch den Salamander (Lindhorst) – mit ihr auf ein Rittergut nach Atlantis, dem Reich der Poesie, in dem der Einklang aller Wesen herrscht. Veronika erreicht höchstes Bürgerglück, indem sie den zum Hofrat ernannten Heerbrand heiratet. In einem abschließenden Dialog zwischen dem Dichter und dem Archivarius – Salamander deutet letzterer des Anselmus' Seligkeit als ein Leben in der Poesie. –

Soviel zu Szenerie und Stoff des Märchens; seine Struktur ist gekennzeichnet durch einen häufigen krassen Wechsel der Perspektiven. Er tritt oft dann ein, wenn der Held seine Augenblicke der Entrückung erlebt: zu Wort kommen in solchen Situationen Beobachter aus der alltäglichen Bürgerszene: die „ehrbare Bürgersfrau", der „Familienvater" und das „junge hübsche Bürgermädchen". Aus ihrer Perspektive erscheint des Anselmus' Erlebnis des Wunderbaren als Tollheit oder gar Trunkenheit im wörtlichen Sinne.

Die vierte Vigilie fällt insofern aus dem Rahmen, als hier der Leser vom Erzähler in direkter Ansprache befragt wird, ob ihn nicht gar gelegentlich ähnliche Empfindungen überfallen könnten, wie sie die Erzählfigur des Märchens überkommen. Einschübe solcher Art als Gespräche mit dem Leser wiederholen sich an zahlreichen Stellen des Textes, z. B. in der 4. Vigilie, in der der Autor den Leser beschwört, in der sogenannten „realen Welt" den Abglanz jenes „herrlichen Reichs" wiederzuerkennen: „Du wirst dann glauben", heißt es dort, „daß dir jenes herrliche Reich viel näher liege, als du sonst wohl meintest, welches ich nun eben recht herrzlich wünsche, und dir in der seltsamen Geschichte des Studenten Anselmus anzudeuten bestrebe." Poetologische Einschübe dieser Art charakterisieren die Struktur Hoffmannscher Texte; die Einmischung des Erzählers in den epischen Zusammenhang als Strukturelement findet seinen Höhepunkt

in der 12. Vigilie, in der der Erzähler in persona auftritt und
mit dem Archivarius Lindhorst in seinem Palmenzimmer zu-
sammentrifft. Typisch für Hoffmann ist diese Diskussion im
Finale des Märchens, ob es ihm tatsächlich gelungen sei,
sein eigentliches Anliegen, die Seligkeit des Anselmus in
„Atlantis" so zu schildern, daß ein Funke „in dieses oder jenes Jünglings" Brust entzündet werden könnte.

Literarische Bezugspunkte und Einflüsse

In seinem „Goldnen Topf" ist Hoffmann ebenso weit ent-
fernt von Wielands parodistischen Feenmärchen wie von
den allegorischen Bildfolgen in den Märchen von Goethe
und Novalis, wenn auch eine Verwandtschaft der Motive
mit letzterem besteht. Hoffmann löst nicht die gegenständliche Welt auf, sondern verknüpft sie „keck" mit dem
Wunderbaren. Er fühlt sich in dieser Hinsicht den Märchen von „Tausendundeiner Nacht" verwandt, für die er
eine besondere Vorliebe hatte. Wie in diesen phantastischen Erzählungen den alltäglichen Menschen tolle Zau-
berkappen übergeworfen werden, so führt Hoffmann
auch in seinen Märchen Menschen aus der gewohnten
Umwelt unmerklich in ein phantastisches Zauberreich,
wobei er sich allerdings ausdrücklich dagegen verwahrt,
daß man im Kolorit bei seinem Märchen Nachahmung der
orientalischen Geschichten erwarten solle: „Mich be-
schäftigt die Fortsetzung der „Fantasiestücke in Callot's
Manier" ungemein, vorzüglich ein Mährchen, das beinahe einen Band einnehmen würde. – Denken Sie dabey
nicht, Bester! an Scheherazaden und Tausend und eine
Nacht – Turban und türkische Hosen sind ganz verbannt
– feenhaft und wunderbar, aber keck ins gewöhnliche

tretend und seine Gestalten ergreifend soll das Ganze werden."[37)]

Thematisch und motivisch wie auch in der Form (Rahmenerzählung) ist außerdem – laut eigener Aussage des Dichters – Tiecks Einfluß auf Hoffmann nicht zu verkennen. In Tiecks Erzählsammlung „Phantasus" fand Hoffmann sein Vorbild für die „Fantasiestücke in Callot's Manier" und vor allem für die „Serapionsbrüder".

Den stärksten Einfluß zeitgenössischen Gedankenguts gewann er aber aus den Schriften des Naturphilosophen Gottfried Heinrich Schubert (1780 - 1860), die besonders für die Entstehungsgeschichte des „Goldnen Topfs" von großer Bedeutung waren. Zu nennen sind hier dessen Hauptwerke „Ansichten von der Nachtseite der Naturwissenschaft" (1808) und „Symbolik des Traumes" (1814), die Hoffmann ganz besonders geschätzt hat. Nachweislich ist vor allem die Wirkung des früheren Werkes auf die Gedankenwelt des „Goldnen Topfs". Zwei Hauptgedanken sind es, die auf Schubert zurückgehen: die Theorie der drei Epochen, die den Kern des Salamander-Mythos darstellt, und das Hindurchschimmern der höheren Welt durch die Dinge des Alltäglichen. Besonders der zweite Gedanke wurde von Hoffmann als das beherrschende Prinzip in sein Märchen übernommen und blieb fortan ein Hauptgedanke seiner Dichtung.

Weitere Wirkungen von zeitgenössischen Schriften auf sein Erzählwerk, besonders auf die Kategorie seiner Geschichten, die sich mit einer Art von psychoanalytischen Problemen befassen, gingen auf die Werke des Arztes und Magnetiseurs Mesmer, der Ärzte und Physiologen Reil und Pinet sowie des Mythologen Creuzer zurück.

[37)] H. v. Müller, E.T.A. Hoffmann im persönlichen und brieflichen Verkehr (1912) II 1, S. 154

Erzählerposition und Blickführung des Lesers im Ablauf der Handlung

Ein wesentliches Kennzeichen Hoffmannscher Verfahrensweise ist die Einmischung des Erzählers in Form der direkten Anrede des Lesers; dabei geht die Annäherung an diesen so weit, daß er, mit Fragen künstlerischer Gestaltung konfrontiert, gewissermaßen als Partner in die Geschichte hineingenommen wird. Der Autor findet sich sogar gelegentlich dazu bereit, sich vor seinem Leser zu rechtfertigen bzw. mit ihm die Voraussetzungen der Mittelbarkeit zu diskutieren, indem er auf ihre Grenzen hinweist. „Wohl darf ich geradezu dich selbst", – so heißt es in der 4. Vigilie – „günstiger Leser! fragen, ob du in deinem Leben nicht Stunden, ja Tage und Wochen hattest, in denen dir all dein gewöhnliches Tun und Treiben ein recht quälendes Mißbehagen erregte ... Ist dir, günstiger Leser, jemals so zu Mute gewesen, so kennst du selbst aus eigner Erfahrung den Zustand, in dem sich der Student Anselmus befand. Überhaupt wünschte ich, es wäre mir jetzt schon gelungen, dir, geneigter Leser! den Studenten recht lebhaft vor Augen zu bringen."

Hoffmanns Werk wimmelt von ähnlichen poetologischen Betrachtungen, in welchem Zusammenhang auch seine Anreden, Fragen und Vorschläge an den Leser auftreten, die mit stereotypen Wendungen wie „günstiger", „geneigter", „geliebter Leser" verbunden sind. Augenscheinlich amüsiert es den Erzähler, auf diese Weise den epischen Zusammenhang zu zerreißen und seine Darstellungsweise in leicht ironisierender Weise zur Diskussion zu stellen. Zugleich geht er aber stellenweise noch über solche artistischen Spekulationen hinaus, wenn er in der o. zitierten Stelle aus der 4. Vigilie den Leser auffordert, sich mit den Empfindungen seiner Erzählfigur zu identifizieren. Eine besondere Steigerung dieser persönlich ausgespielten Erzählerposition findet sich im Finale des „Goldnen Topfs", in der 12. Vigilie: „Aber vergebens blieb alles Streben, dir, günstiger Leser, all die Herrlichkeiten, von denen Anselmus umgeben, auch nur einigermaßen in Worten anzudeuten. Mit Widerwillen gewahrte ich die Mattigkeit jedes Ausdrucks."

Aber nicht nur in diesem direkten Bezug bemächtigt sich der Autor gewissermaßen der Meinung und des Urteils des Lesers; ohne daß dieser es merkt, wird er im Verlauf der Handlung vom Erzähler geleitet. Just hat diese Methode „die Blickführung des Lesers"[38] genannt. Zu der Definition dieses Phänomens führt er aus, daß sich als „Blickführung" eine Technik bezeichnen ließe, die generell dem optischen Medium des Films zu eigen sei, sich aber auch gelegentlich in der Literatur nachweisen ließe. Dies zeige sich – seiner Meinung nach – bei Hoffmann, wo die Blickführung geradezu als spezifisches Mittel der Erzählkunst erscheine. „Er (Hoffmann) suggeriert nämlich dem Leser eine ganz bestimmte, unausweichliche Art und Weise des Sehens, ja scheut nicht davor zurück, dessen Bild – gelegentlich geradezu im Sinne eines Zwanges – zu führen und zu fixieren."[39] Es liegt nahe, diese einleuchtende Feststellung im einzelnen in Hoffmanns Märchen „Der goldne Topf" zu verfolgen.

Schon in der o. zitierten Textstelle, die die Erzählerposition betrifft, zeigt sich deutlich eine suggestive Einwirkung des Autors auf den Leser, indem er diesen zur Identifikation mit seinem Helden geradezu drängt. Damit erreicht er, die Voraussetzungen zu schaffen, den Leser das „wirkliche" Schauen zu lehren, was bei Hoffmann heißt: nicht nur das

[38] Klaus Günther Just: Marginalien. Probleme u. Gestalten der Literatur. „Blickführung bei E.T.A. Hoffmann". Bern u. München 1976, S. 64-78
[39] ebd. S. 65 f.

Sichtbare, das sogenannte „Reale" erkenntlich zu machen, sondern zugleich das Wunderbare, das Unsichtbare durch das Gegenständliche hindurchschimmern zu lassen. „Der goldne Topf" bietet Beispiele nicht nur für das Aufeinandertreffen von „irrealer" und „realer" Welt (wie etwa zu Anfang der 2. Vigilie), sondern auch für das Ineinanderübergehen beider Sphären. Als Anselmus zum erstenmal die goldgrünen Schlänglein begegnen, dienen sowohl das optische Element von Farbe und Glanz wie vor allem auch das akustische der flüsternden Stimmen und der Kristallglocken zur Vorbereitung der Erscheinung des Wunderbaren in der alltäglich bekannten Dresdner Umwelt. Noch wird mit dem Hinweis auf die durch die Blätter spielende Abendsonne eine rationale Erklärung gegeben, bis sich dann die Erscheinung des Wunderbaren als „wirklich" geschaut und erfahren dem Helden enthüllt: „Anselmus sah, wie eine Schlange ihr Köpfchen nach ihm herabstreckte. Durch alle Glieder fuhr es ihm wie ein elektrischer Schlag, er erbebte im Innersten – er starrte hinauf, und ein paar herrliche dunkelblaue Augen blickten ihn an ...". In dieser Szene wird Optisches, vor allem aber Akustisches nicht nur als Vorspiel der wunderbaren Ereignisse, sondern geradezu als „Blickfang" verwendet: geisterhafte Töne, die aus dem Holunderbusch erklingen, lenken den Blick des Anselmus auf diesen Baum, sie ziehen seine Blicke nach oben. Indem er die Schlänglein „wirklich" sieht, beginnt er, „richtig" zu sehen, d. h. er kann nicht mehr dadurch abgelenkt werden, daß er das Wunderbare, wie er es vorübergehend getan hat, als Sinnestäuschung zu entlarven versucht. Das „richtig sehen" führt im Sinne des Hoffmannschen serapiontischen Prinzips zum „deutlich sehen". Augenscheinlich wird das in der Art, wie sich sein Blick auf Einzelheiten konzentriert: auf die dunkelblauen Augen eines der Schlänglein, die zum optischen Leitmotiv des Märchens werden. Damit hat Hoffmann den an den Leser gerichteten Hinweis in der 4. Vigilie hier bereits veranschaulicht: Das Bild, das in der Holunderbaumszene sein vom Autor geführter Blick erkennt, ist nicht mehr die altbekannte Umgebung Dresdens; die sogenannte „wirkliche" Welt versinkt vor den „schauenden" Augen; einzig wahr allein sind die Erscheinungen des Wunderbaren, die „dunkelblauen Augen" des goldglänzenden Schlängleins, auf die der Blick des Helden, vom Autor gelenkt, fixiert ist. Just[40] weist auch darauf hin, wie im „Goldnen Topf" die Blickführung Hoffmanns darauf zielt, die Grenze zwischen Realem und Irrealem zu verwischen. Dies geschieht oft durch plötzliche Verwandlungen der Figuren und Gegenstände. Als z. B. bei einer Begegnung des Anselmus mit dem Archivarius Lindhorst letzterer die Aufmerksamkeit des Studenten auf seinen Smaragdring lenkt, werden dem gebannten Blick des Anselmus die drei Schlänglein wieder sichtbar. Durch den Autor so vorbereitet, versinken die Konturen der alltäglichen Umwelt. Als Anselmus dem forteilenden Archivarius nachschaut, vollzieht sich die wunderbare Verwandlung von dessen alltäglicher Erscheinung: „... und nun schritt er rasch von dannen, so, daß er in der tiefen Dämmerung, die unterdessen eingebrochen, mehr in das Tal hinabzuschweben schien. Schon war er in der Nähe des Koselschen Gartens, da setzte sich der Wind in den weiten Überrock und trieb die Schöße auseinander, daß sie wie ein Paar große Flügel in den Lüften flatterten, und es dem Studenten Anselmus, der verwunderungsvoll dem Archivarius nachsah, vorkam, als breite ein großer Vogel die Fittige aus zum raschen Fluge.–" (4. Vigilie)

In den dieser Erscheinung folgenden Überlegungen kommt zwar der Zweifel zum Ausdruck, ob es sich vielleicht doch

---

[40] vgl. Klaus Günther Just. Blickführung bei E.T.A. Hoffmann. In: Mar ginalie. a. a. O. S. 69/70

bei den Wahrnehmungen des Anselmus um eine Sinnestäuschung handelt: „Wie nun der Student so in die Dämmerung hineinstarrte, da erhob sich mit krächzendem Geschrei ein weißgrauer Geier hoch in die Lüfte, und er (Anselmus) merkte nun wohl, daß das weiße Geflatter, was er noch immer für den davonschreitenden Archivarius gehalten, schon eben der Geier gewesen sein müsse, unerachtet er nicht begreifen konnte, wo denn der Archivarius mit einem Mal hingeschwunden." So bringt es der Autor fertig, den Fall auch für den Leser in der Schwebe zu halten, gibt aber dennoch die Suggestion, daß alles Wunderbare „wirklich" ist, wenn er den Anselmus abschließend sagen läßt: „Er kann aber auch selbst in Person davongeflogen sein ..." sprach der Student Anselmus zu sich selbst, „denn ich sehe und fühle nun wohl, daß alle die fremden Gestalten aus einer fernen wunderbaren Welt, die ich sonst nur in ganz besonderen merkwürdigen Träumen schaute, jetzt in mein waches Leben geschritten sind und ihr Spiel mit mir treiben." (4. Vigilie)

Figuren und Sinnbilder:
Das Titelsymbol und der Atlantismythos

In der rangmäßig gegliederten deutschen Residenzstadt des 19. Jahrhunderts spielt sich zwischen zwei Personengruppierungen das Doppelspiel zwischen Bürger und Künstler ab: es ist das vielfach variierte Thema in Hoffmanns gesamtem Werk. Im „Goldnen Topf" gewinnt es zum erstenmal exemplarische Gestalt.

In dem Wechselspiel der alltäglichen Szenerie und der Welt des Wunderbaren, zwischen poetischer Geisterwelt und bürgerlichem Alltag sind die Figuren des Märchens angesiedelt. Der „poetischen Geisterwelt" ist bei Hoffmann als zentrale Figur der Künstler zugeordnet, in der „prosaischen Sphäre des Alltags" dominiert der Philister. Immer wieder läßt sich aus dem Wirrwarr verschlungener Handlungen und der verwirrenden Vielfalt der Figuren das Gegensatz-Paar des Künstlers und des Philisters herausfinden. Dabei geht es Hoffmann weniger darum, den „Philister" als gesellschaftlich definiertes Wesen aufzufassen, wenngleich er ihn vorwiegend aus dem ihm bekannten bürokratischen Mittelstand wählt; er sieht den Philister als allgemeinen Gegentyp zum romantischen Menschen und versteht ihn damit als Kontrastfigur zur Künstlerexistenz. „Dies gilt es hervorzuheben gegenüber den Versuchen, die Philisterkritik Hoffmanns allzu einseitig auszulegen als Gesellschafts- und Sozialkritik." [41]

Unter diesem Aspekt des Nichtverstandenwerdens in der Bürgerwelt ist vor allem die Hauptgestalt des Studenten Anselmus zu betrachten. Er erscheint zunächst durchaus in der bürgerlichen Enge begrenzter Lebensverhältnisse als ein junger Mensch, der den kleinen Gelüsten des Lebens: Doppelbier, Kaffee mit Rum und Pfeifenrauchen durchaus nicht abhold ist. Dennoch unterscheidet ihn von seinem wohlsituierten Freundeskreis der Paulmanns und Heerbrands die besondere Signatur Hoffmannscher Sonderlinge: er ist ungeschickt bis zur Tölpelhaftigkeit, reißt im Vorbeigehen das Tischtuch herunter, stolpert in Äpfelkörbe auf dem Markt. Man könnte die Reihe seiner linkischen Versehen noch beliebig fortsetzen; sie geben ihm einen komischen Zug, der ins Groteske spielt. Der Hoffmannsche Held, wie er in Anselmus Gestalt gewonnen hat, ist aber trotz aller

---

[41] Otto Nipperdey: Wahnsinnsfiguren bei E.T.A.Hoffmann, Dissertation Köln 1957, S. 60

Kuriosität auch an die Bürgerwelt gebunden: er liebt ihre Genüsse, hofft mit seiner guten Schulbildung in ihrer Rang ordnung (Hofrat) vorwärtszukommen und wünscht sich Erfolg in der Liebe bei Fräulein Veronika, die ihm, seines wohlgebildeten Gesichts wegen, manche Absonderlichkeit verzeiht. Aber dennoch ist er in der bürgerlichen Welt nicht recht zu Hause: er träumt mit offenen Augen, was ihm die Kritik des Konrektors Paulmann einträgt, der von „Anfällen" spricht, die man mit Blutegeln austreiben müßte. Diese Doppelbeziehung macht seine Tragik aus; wo beide Welten so hart aneinanderstoßen, ergibt sich ein Verhalten ohne Gleichgewicht und Maß. Die innere Aufgeschlossenheit des Anselmus für die höhere Welt, die sich ihm in der Szene unter dem Holunderbaum und im Verlauf der Handlung im Umkreis des Archivarius Lindhorst offenbart, wo er zum erstenmal das goldgrüne Schlänglein in der wunderbaren Gestalt des Mädchens Serpentina erblickt, ist kein gleichmäßig-andauernder Zustand. In den Prüfungen, die ihm auferlegt werden, schwankt er zwischen der Welt des Gewohnten und Alltäglichen und der Welt des Wunderbaren. Immer wieder weicht der Glaube an Serpentina der Skepsis und wird getrübt durch seine Neigung zu der Welt der Bürgerlichkeit in der Gestalt der Veronika. Die platte Welt des Nützlichen ergreift von außen Besitz von ihm und stört seine phantasievolle Aufgeschlossenheit für die höhere Welt, bis er am Ende nach vielfachen Prüfungen dem Bannkreis der prosaischen Sphäre entflieht und mit Serpentinas Hilfe in das Reich der Poesie „Atlantis" eingehen kann.

In das dualistische Schema von Künstlerliebe und Philisterehe, wie es häufig in Hoffmanns Werk thematisiert wird, gehört auch das Märchen „Der goldne Topf". In einer solchen Beziehung ist der Aspekt der Spiritualität folgerichtig, das zeigt das Verhältnis Anselmus-Serpentina. Nach Hoffmanns

Konzeption wird nicht die Kunst allein, sondern auch die höhere Liebe, die dieser Sphäre zugeordnet ist, in der Philisterehe entweiht. Das klingt in der Aussicht einer Ehe zwischen Anselmus und Veronika an, in der das höchste Glück darin besteht, daß Veronika Hofrätin wird. Ähnliches wird im „Artushof" dargestellt: Bevor Traugott durch die Liebe zu Felizitas endgültig an die Kunst gebunden und zuletzt in das Kunstland geführt wird, gerät er in den Bannkreis der Christina, die ihn heiraten soll. Während die geplante Verbindung von bloßen Nützlichkeitserwägungen ausgeht, steht die Liebe zu Felizitas im Zeichen höherer Sehnsucht. Diese Situation findet in dem Anselmus-Serpentina-Verhältnis ihre Parallele. Anselmus' Schwanken zwischen beiden Bereichen trägt durchaus den Reizen der dunkelblauen Augen Veronikas Rechnung. Jedoch geht es Hoffmann keineswegs um den Gegensatz zwischen körperlicher und spiritualer Liebe, wie auch Schneider im Hinblick auf den „Artushof" betont[42], sondern um die Entweihung der Kunst und der ihr zugeordneten höheren Liebe im philiströsen Bereich des Alltäglichen, in dem ein kindliches, poetisches Gemüt nicht verstanden wird. Aus dem Text des Märchens „Der goldne Topf" geht hervor, was das Los des Anselmus gewesen wäre, wenn er sich den kleinlichen Bedürfnissen des alltäglichen Lebens unterworfen hätte: „Veronika überließ sich ganz, wie junge Mädchen wohl pflegen, den süßen Träumen einer heitern Zukunft. Sie war Frau Hofrätin, bewohnte ein schönes Logis in der Schloßgasse, oder auf dem Neumarkt, oder auf der Moritzstraße – der moderne Hut, der neue türkische Shawl stand ihr vortrefflich – sie frühstückte im eleganten Négligé im Erker, der Köchin die nötigen Befehle für den Tag erteilend." (5. Vigilie) Kein liebenswerter Zug ist in

---

[42] Karl Ludwig Schneider: Künstlerliebe und Philistertum im Werk E.T.A.Hoffmanns. In: Die dt. Romantik. Göttingen 1967, S. 210

diesem bürgerlichen Idyll ausgelassen, aber dennoch kann die Hoffmannsche Überzeugung kaum deutlicher zum Ausdruck gebracht werden, wie wenig das „poetische Gemüt" in einer solchen Welt beheimatet sein kann. In diesem Zusammenhang gibt es – unserer Meinung nach – keinen Anhaltspunkt dafür, das Hoffmannsche Problem „Künstlerliebe-Philisterehe" unter einem vordringlich erotischen Aspekt zu sehen, wie Safranski es tut: „Das Überraschende an Anselmus' Träumen, sofern sie über das Revier des Linkeschen Bades hinausgehen, ist die Wunschzensur, die sich in ihnen manifestiert. ... Die Kristallstimmen im Busch, das gleichsam freischwebende Augenpaar, die ins Niedliche verwandelten Schlänglein verraten eine außerordentlich stark gefilterte Sinnlichkeit. Vergleicht man solche Wunschbilder mit den doch recht handfesten Lockungen der „hübsch geputzten" Veronika, die sich um Anselmus bemüht, so kann man von einer Art Erfüllungsscheu sogar in den Wunschphantasien des jungen Mannes sprechen."[43] Die an Freud allzusehr orientierte Betrachtungsweise dieses Problems wird im folgenden noch offensichtlicher in Hoffmanns Konzeption hineininterpretiert, wenn es bei Safranski heißt: „Die körperliche Nähe macht ihm Angst. Vor dem Angebot ihrer Genüsse weicht er ins Imaginäre aus. Die Erfüllungsscheu vor der verkörperten Liebe treibt Anselmus in die Arme des Schlängleins Serpentina, die ihm in den Gemächern des Archivarius Lindhorst, ihres Vaters, zur Muse seiner poetischen Entrückung wird."[44]. Die Deutung, die Hoffmanns Konzeption auf den Kopf stellt, findet ihren Abschluß in der höchst eigenwilligen Auslegung der Anrede des Lesers in der 12. Vigilie: „Wie fühlte ich recht in der Tiefe des Gemüts die hohe Seligkeit des Studenten Anselmus, der mit der

---

[43] Rüdiger Safranski, Hoffmann-Biographie, München, Wien, 1984, S. 316
[44] ebd.

holden Serpentina innigst verbunden, nun nach dem geheimnisvollen wunderbaren Reiche gezogen war, das er für die Heimat erkannte, nach der sich seine von seltsamen Ahnungen erfüllte Brust schon so lange gesehnt ... Aber vergebens blieb alles Streben, dir, gütiger Leser, all die Herrlichkeiten, von denen Anselmus umgeben, auch nur einigermaßen in Worten anzudeuten. Mit Widerwillen gewahrte ich die Mattigkeit des Ausdrucks." (12. Vigilie) Dazu sagt Safranski: „Es soll die Überfülle des Gefühls sein, die hier zur „Mattigkeit des Ausdrucks" führt. Doch die Ironie dieser Passage kommt aus dem Verdacht, es könnte auch der Mangel an Wirklichkeit die Ursache des matten Ausdrucks sein. Der „matte" Charakter der Sprache, die das erhabene Glück auszudrücken sich müht, kann, so verstanden, auf etwas Totes, Erstarrtes im Erleben hinweisen. Die erstarrte Sprache wäre dann der angemessene Ausdruck eines Erlebens, das mit der schmerzlichen Zurückweisung der Ansprüche körperlichen Glücks ebenfalls erstarrt ist."[45] Diese Interpretation übersieht nicht nur die Gegebenheit des vorliegenden Textes, sondern auch eine Grundkonzeption Hoffmanns, wie sie ähnlich in anderen Erzählungen des Autors (vgl. „Artushof") thematisiert ist. Sie versteigt sich in ein hypothetisches Spiel mit Möglichkeiten, um einer Theorie Genüge zu tun. Hoffmanns Bemerkung am Ende des „Goldnen Topfs", daß sein Ausdruck zu matt sei, um die Seligkeit des Helden dem Leser zu vermitteln, ist hier zweifellos wörtlich zu nehmen. Uns erscheint die Deutung Safranskis als eine Hypothese „contra poetam".

Hoffmanns Auffassung der Kunst als eines magischen Naturgeheimnisses, die in der Zauber-Sphäre um den Geisterfürsten Lindhorst zum dominierenden Thema des „Goldnen

---

[45] ebd.

Topfs" geworden ist, steht die philiströse Alltagswelt entgegen, in die die Gestalten des Anselmus und des Archivarius in ihren bürgerlichen Verkleidungen hineinragen. Die Scheidungslinie zwischen beiden Sphären sieht Hoffmann in ihrer Beziehung zu den höheren Dingen, die nur dem poetischen Gemüt möglich, dem Philister aber nicht gegeben ist. In der Novelle „Don Juan" heißt es zu diesem Problem: „Nur der Dichter versteht den Dichter; nur ein romantisches Gemüt kann eingehen in das Romantische; nur der poetisch exaltierte Geist, der mitten im Tempel die Weihe empfing, das verstehen, was der Geweihte in der Begeisterung ausspricht."

Der Kreis der philiströsen Figuren im „Goldnen Topf" ist im einzelnen mit leichter Differenzierung gezeichnet. Anfällig für gewisse wunderliche Dinge , wenn auch mehr in Form von helfenden Zauberkräften, ist Veronika; sie gehört zu den hübschen Philisterinnen mit dunkelblauen Augen, „schlankem Wuchs und einer feinen Hand". Das allerliebste Hütchen und der ersehnte türkische Shawl gehören zu ihnen wie die Fähigkeit, Klavier zu spielen und Handarbeiten zu machen. Ihr Ziel ist, eine standesgemäße Heirat zu machen, worauf sich ihre Träumereien beziehen. Diese Figuren erscheinen im häuslichen Milieu, umgeben von Kaffeekanne und Suppenterrine. Die Fähigkeit, guten Punsch zu brauen, wird ihnen nachgerühmt. Insgesamt sind sie keineswegs ohne Reiz, doch sind in ihrem Umkreis die überirdischen Klänge der Kristallglocken nicht wahrzunehmen; sie sind die Gegenbilder der idealen Künstlergeliebten, deren spiritueller Reiz nicht von dieser Erde ist. Der Wunsch dieser handfesten Mädchengestalten ist es, den feurigen Jünglingen ihre „Phantasmata" zu verleiden und auszutreiben. „Kunst" ist in ihrem Umkreis – bürgerlich gesehen – allenfalls Dekoration des Alltagslebens: in der 2. Vigilie wird von einem Duett gesprochen, das Veronika mit dem Registrator Heerbrand sang und das der Konrektor Paulmann selbst komponiert hatte. Bei der Schilderung dieser hübschen Philisterinnen ist – bei einer gelegentlich sogar liebevollen Schilderung ihrer Reize – der ironisierende Ton nicht zu überhören. Zu den äußersten Antipoden der Künstlergestalten gehören der Registrator Heerbrand und vor allem der Konrektor Paulmann; beide sind im Nützlichkeitsdenken befangen, weshalb sie zuweilen recht grotesk wirken, wie z. B., wenn in der 2. Vigilie der Registrator Heerbrand seine Vorstellung von „Wachträumen" folgendermaßen umschreibt: „Und, teuerste Mademoiselle, werter Konrektor!" nahm der Registrator das Wort, „sollte man denn nicht auch wachend in einen gewissen träumerischen Zustand versinken können? So ist mir in der Tat selbst einmal nachmittags beim Kaffee in einem solchen Hinbrüten, dem eigentlichen Moment körperlicher und geistiger Verdauung, die Lage eines verlorenen Aktenstücks wie durch Inspiration eingefallen, und nur noch gestern tanzte auf gleiche Weise eine herrliche große lateinische Frakturschrift vor meinen hellen offenen Augen umher." – In Redeweise und Verhalten ist bei den Philistern etwas Gravitätisches nicht zu verkennen; dennoch spürt man in Hoffmanns ironisierendem Ton niemals jenes verletzend-Satirische, wie es etwa die „Reisebilder" seines Zeitgenossen Heine, z. B. in der Schilderung der Göttinger Philister, zum Ausdruck bringen. Diese Konrektoren und Registratoren Hoffmanns sind trotz ihrer Begrenztheit im zweckdienlichen Tun nicht unliebenswert, sie verraten, daß eine kleine stille Neigung Ihres Autors auch ihnen gehört. Das zeigt sich z. B. in der Szene mit dem Arzt Dr. Eckstein in der 7. Vigilie, einer mit wenigen Strichen gezeichneten Nebenperson: „Der Doktor Eckstein ging sogleich ans Bett, faßte, lange in tiefem Nachdenken versunken, Veronikas Puls, sagte wiederum: „Ei! Ei!" und verließ die

Patientin. Aus diesen Äußerungen des Doktors konnte aber Konrektor Paulmann nicht recht deutlich entnehmen, was der Veronika denn wohl eigentlich fehlen möge." Es ist unnachahmlich, wie hier ein leiser Humor die Szene umspielt und in der Beengtheit dieser Welt die Atmosphäre des Freundlichen bestehen läßt. Das gilt für die Darstellung und Charakterisierung aller Philistergestalten, die sich bei der dampfenden Punschterrine gesellig versammeln, das gilt sogar von der extremsten dieser Figuren, von Konrektor Paulmann, der trotz der Selbstzufriedenheit seines Zweckdenkens keine Karikatur ist, sondern ein Mensch, der seinen wohlgelittenen Bestand auf dieser Erde hat, mag ihm auch jegliche Einsicht in die höheren Dinge versagt sein, wie es in seiner Charakteristik des Anselmus zum Ausdruck kommt: „Ei, ei, Herr Anselmus" fiel der Konrektor Paulmann ein, „ich habe Sie immer für einen soliden jungen Mann gehalten, aber träumen – mit hellen offenen Augen träumen, und dann mit einem Mal ins Wasser springen wollen, das – verzeihen Sie mir, können nur Wahnwitzige oder Narren." (7. Vigilie)

In der Märchenhandlung nimmt die Figur des Archivarius Lindhorst, alias Geisterfürst, die Stelle eines Mittlers ein. In der Verschleierung einer bürgerlichen Tätigkeit ist er im Märchen der Überbringer des höheren Einflusses. Um ihn, der in einer bürgerlichen Wohnung, umgeben von einem kleinen Scherbengarten lebt, ist zugleich die Atmosphäre toller Phantasmen. Er begegnet uns in seiner Alltagswelt wie auch in der Rolle des Geisterfürsten aus dem Geschlechte der Salamander; er ist zu den Geistern der Erde herabgestiegen und muß die Bedürfnisse des dürftigen Lebens ertragen. In dauerndem Wechsel der Perspektiven wird uns der Gestaltenwandel Lindhorsts wieder und wieder vor Augen geführt. Über seine mythische Herkunft erfahren wir in

der Erzählung i n der Erzählung durch die Technik der Rück-
blende in die mythische Urzeit. Für eine damals begangene
Untat wird er zur Strafe in die kleinlichen Bedürfnisse des
Lebens verbannt, bis seine drei Töchter (die goldgrünen
Schlänglein) mit drei Jünglingen vermählt sein werden, die –
wie Anselmus – ein kindliches poetisches Gemüt besitzen.
Die Geschichte seiner Herkunft wird in der 8. Vigilie erzählt.
Hoffmann bezeichnet dieses Kapitel – laut Tagebuchnotiz –
als die schwerste Vigilie des Märchens. Hier wird uns die
Gestalt des Archivarius wunderlich verändert vorgeführt:
der bunte gelbrote Schlafrock, die Verfremdung der Gemä-
cher und Säle, die Verfremdung auch des Scherbengartens
in einen Feengarten, in dem aber – und das ist die Entzau-
berung, die Hoffmann immer bei der Hand hat – die Spott-
vögel als Stimmen der Hoffmannschen Ironie nicht fehlen:
„Herr Studiosus, Herr Studiosus, eilen Sie nicht so – kucken
Sie nicht so in die Wolken – Sie könnten auf die Nase fallen
– He, he! nehmen Sie den Purpurmantel um – Gevatter
Schuhu soll Ihnen den Toupet frisieren." Der Archivarius
changiert von einer Gestalt in die andere: von dem bürgerli-
chen Archivarius, der dem Studenten Aufmerksamkeit beim
Kopieren seines Manuskripts empfiehlt, zu der königlichen
Gestalt, in der er gebietend auftritt. Er ist im Hoffmannschen
Geisterreich einer der guten Zauberer, die ihre Verbindung
mit der Geisterwelt zum Wohl ihrer Schützlinge gebrau-
chen. Er bringt Kunde von der höheren Welt: man muß die
Tätigkeit des Anselmus im Dienste Lindhorsts als Dichter-
lehre verstehen, als Vorbereitung und als Hinführung in das
Reich der Poesie „Atlantis". Als Mittler zwischen dem Irdischen und dem geheimnisvollen Reich ruft er dem Anselmus
zu: „Mut gefaßt, junger Mensch! ... hast du bewährten Glauben, so hilft dir Serpentina." Trotz der gebietenden königlichen Gestalt in Augenblicken der Verwandlung bleibt das
Skurrile dieser Figur bestehen: „... da stieg der Archivarius

Lindhorst an dem Stamm eines Palmbaums in die Höhe und verschwand in den smaragdenen Blättern." Wie wir sehen, treibt Hoffmann seine Scherze auch mit den Geisterfürsten; sie wirken gelegentlich bizarr und grotesk, wie z. B. der Archivarius am Schluß der 12. Vigilie, als er vor den Augen des Autors in dem Pokal mit dem angezündeten Arrak auf und niedersteigt. So verlieren die Geister ihren erhabenen Zug, was zwar dem Ganzen einen leichteren Ton gibt, ihm aber nicht sein „Gewicht" nimmt, wie der Dichter selbst einmal gesagt hat. Der Reiz von Hoffmanns Erzählen liegt gerade in dieser Mischung der hymnischen Partien mit den gelegentlichen Faxen und ironischen Übergängen, die dafür sorgen, daß in seinen Wunder- und Feengärten die Spottvögel nicht schweigen.

Das Titelsymbol: „Der goldne Topf"

Hoffmann hat gesagt, daß in der 4. Vigilie seines Märchens die Idee des Ganzen veranschaulicht sei. Hier sieht Anselmus, geleitet von seiner Sehnsucht, in dem funkelnden Smaragdring Lindhorsts die goldgrünen Schlänglein wieder und hört von neuem die herrlichen Akkorde der Kristallglokken, die die Erscheinung begleiten. Hier spricht er von dem Verlangen nach der „fernen wundervollen Welt, die ich sonst nur in ganz besonderen merkwürdigen Träumen schaute, jetzt in mein waches reges Leben getreten sind ... Du lebst und glühst in meiner Brust, holde Serpentina, nur du kannst die unendliche Sehnsucht stillen, die mein Innerstes zerreißt." Damit beginnt die tägliche Beschäftigung des Anselmus in den Räumen des Archivarius, die zur Anschauung des goldnen Topfes führt. Er ist das rätselhafte Hauptsymbol des Märchens, das dem erwählten Jüngling wie in einem Mysterium gezeigt wird. Im abgeschlossenen Raum des azurblauen Salons ruht er in der Mitte auf einer Art Altar. Aniela Jaffé, deren ausführliche Arbeit über Hoffmanns visionäres Märchen dem archetypischen Hintergrund seiner Bilderwelt gilt, sagt, daß das Zimmer mit seinen blauen Wänden und den Bäumen „ein Mandela" darstellt, einen Tempel für das goldene Gefäß. „Mandela" ist der archetypische, bildhafte Ausdruck einer als überpersönlich oder göttlich erlebten Ganzheit. „...Die blauen Wände fangen die Ferne des Himmels oder die Tiefe des durchsichtigen Wassers ein; sie tragen die Farbe des Unbewußten. ... Die Palmen geben dem Ganzen einen fremden exotischen Charakter; die Urgeschichte scheint belebt und ferne Erdteile in die Nähe gerückt. Immer ist es ‚das ganz Andere', Seltsame, Märchenhafte, Zeit und Raum nicht Achtende, ... das hier das goldene Gefäß umgibt."[46] Der „Goldne Topf" meint nicht nur ein bloßes Märchenrequisit, sondern er ist „ein allegorischer Hinweis" auf die Welt des Wunderbaren, nach dessen Schau die Sehnsucht in der Seele des Anselmus entbrannt ist, so wie es als Vision in der 12. Vigilie auch dem Leser veranschaulicht wird. Er ist nichts weniger als eine „Chiffre" des Poetischen wie die „blaue Blume" der Romantik. Hatte Serpentina doch erklärt, der goldne Topf solle in seinem metallischen Glanze das wunderbare Reich Atlantis widerspiegeln, wenigstens für alle die, welche ein kindliches poetisches Gemüt haben. In dieser Hindeutung auf das Feenreich „Atlantis", das der Dichter als Vision erschaut und auch den Leser mit ihm erschauen läßt, symbolisiert er die ästhetische Erlösung und Seligkeit in der Vereinigung mit Serpentina im Paradies des Atlantis-Mythos.

---

[46] Aniela Jaffé: Bilder und Symbole aus E.T.A. Hoffmanns „Der goldne Topf", Hildesheim 1978, S. 129/30

Die irdischen Paradiese: Der Atlantis-Mythos

In dem Finale des Märchens, in der 12. Vigilie, ist es Hoffmann selbst, der, seiner Neigung entsprechend, den Leser expressis verbis zum Mitwisser seiner geheimsten Erfahrungen macht, sozusagen mit ihm zusammen „eingeweiht in das Geheimnis" zu werden. „Versuche es, geneigter Leser! in dem feenhaften Reiche voll herrlicher Wunder, ... wo die ernste Göttin ihre Schleier lüftet, daß wir ihr Antlitz zu schauen wähnen ... ja! in diesem Reiche, das uns der Geist so oft, wenigstens im Traume aufschließt, versuche es, geneigter Leser! die bekannten Gestalten, wie sie täglich, wie man zu sagen pflegt, im gemeinen Leben, um dich herumwandeln, wiederzuerkennen. Du wirst dann glauben, daß dir jenes herrliche Reich viel näher liege, als du sonst wohl meintest ...". Damit ist der Boden vorbereitet, auf dem wir hier mit den Figuren des Dichters wandeln: sowohl auf den Straßen des zeitgenössischen Dresden wie zuletzt auch – visionär – in dem Feenreich Atlantis. In dieser „Wirklichkeit", die ebenfalls die gegenständliche Welt wie auch den „Traum" oder „was wir gemeinhin so nennen" (Hoffmann: „Das öde Haus") umfaßt, sind beide Welten miteinander verflochten. Für das poetisch exaltierte Gemüt ist das Geisterreich nicht weniger „wirklich" als die gegenständliche Welt.

Im Mittelpunkt der 12. Vigilie steht die persönliche Begegnung des Autors mit dem Archivarius Lindhorst, der – wie es im Märchen heißt – dem Dichter hilfreiche Hand bietet, seine 12. Vigilie zu vollenden. Er gibt ihm durch einen Zaubertrank die Möglichkeit, das Zauberreich Atlantis in einer Vision zu erleben. Dieses Land „Nirgendwo" und „Nirgendwann" bleibt außerhalb von Zeit und Geschichte; als „Atlantis" hat es der Dichter im „Goldnen Topf" dargestellt, ein

„paradis artificiel", eine Chiffre für das „Leben in der Poesie". Die Schilderung dieses Zauberreiches bildet einen Höhepunkt des hymnischen Tons, wenngleich dem Dichter – angesichts der Seligkeit des Anselmus in Atlantis – seinen Ausdruck trotz allem noch für „zu matt" hält. Synästhesien von Duft, Farbe und Klang werden aufgeboten, um diesen „Garten Eden" zu veranschaulichen: „Aber immer blendender häuft sich Strahl auf Strahl, bis in hellem Sonnenglanze sich der unabsehbare Hain aufschließt, in dem ich den Anselmus erblicke. – Glühende Hyazinthen und Tulipanen und Rosen erheben ihre schönen Haupter und ihre Düfte rufen in gar lieblichen Lauten dem Glücklichen zu: Wandle, wandle unter uns, Geliebter, der du uns verstehst – unser Duft ist die Sehnsucht der Liebe – ... Die goldnen Strahlen brennen in glühenden Tönen: wir sind Feuer, von der Liebe entzündet." Die Botschaft von „Atlantis" ist die Erkenntnis des „Einklangs aller Wesen", wie es im Schlußwort des Archivarius ausgedrückt wird: „Ist denn überhaupt des Anselmus' Seligkeit etwas anderes als das Leben in der Poesie, der sich der Einklang aller Wesen als tiefstes Geheimnis offenbaret?"

So ordnet sich „Atlantis" als ästhetisches Paradies in die irdischen Paradiese ein, wie sie schon in Märchen und Sagen von Urzeiten aufbewahrt wurden. Im „Paradies" – unabhängig von geographischer oder gesellschaftlicher Realität – nahm das Menschendasein seinen Verlauf außerhalb der Zeit, der Geschichte; dort war der Mensch glücklich, frei, der einschränkenden Bedingungen ledig. Der Held, der „poetische Mensch" fühlt eine unbezwingliche Sehnsucht in seinem Innern nach einem vollkommeneren Dasein. „Die Träume, die Tagträume, die Bilder, die seine Heimwehgefühle begleiten, und seine Sehnsüchte, seine Begeisterungen, all das sind zugleich Gewalten, die das in seine geschichtlichen Bedingtheiten gesperrte Menschsein fernhin entrücken in eine geistige Welt, die um eine Unendlichkeit reicher ist als die abgeriegelte Welt seines „geschichtlichen Moments".[47] Hier geht es um etwas, was nur im Sinnbild gefaßt werden kann: um das „Leben an sich"[48], das keiner Vergänglichkeit unterworfen ist. Aus solchen Erfahrungen steigen bei Hoffmann die Visionen des Paradieses auf, – ähnlich wie im Volksmärchen der „Glasberg", in dem Erlösung winkt. Daß bei ihm nur „Eingeweihte" Zugang finden können, wird im Zusammenhang mit der „Atlantis–Vision" an verschiedenen Stellen zum Ausdruck gebracht: dreimal findet sich dort die Bestätigung dieses „Eingeweiht-Seins": Wandle unter uns, Geliebter, der du uns verstehst" – „denn du verstehst uns, weil die Liebe in deiner Brust wohnet" ... und als Wiederholung zum drittenmal: „dein Bild wohnt in uns, das wir liebend bewahren, denn du hast uns verstanden." – Es ist Hoffmanns Glaubensbekenntnis, jene berühmte Stelle aus dem „Don Juan", die diesen Begriff des „Verstehens" erläutert: „Nur der Dichter versteht den Dichter; nur ein romantisches Gemüt kann eingehen in das Romantische; nur der poetisch exaltierte Geist, der mitten im Tempel die Weihe empfing, das verstehen, was der Geweihte in der Begeisterung ausspricht."

Wie in den Vorstellungen aus den „Irdischen Paradiesen", wie wir sie aus Mythos und Dichtung kennen, kann nur der in der Mitte, im Einklang aller Wesen der Natur leben, der die Liebe hat. Bei Hoffmann ist es die spirituelle Liebe zu Serpentina, die keiner Zeit unterworfen ist und ewig währt: „Ja, ich Hochbeglückter habe das Höchste erkannt – ich muß

[47] Mircea Eliade: Ewige Bilder und Sinnbilder. Olten und Freiburg i. Br. 1958, S. 13
[48] vgl. Johannes Kleinstück: Mythos und Symbol in englischer Dichtung. Stuttgart 1964, S. 73

dich lieben ewiglich, o Serpentina! nimmer verbleichen die goldnen Strahlen der Lilie, denn wie Glaube und Liebe ist ewig die Erkenntnis." Auch das Gartensymbol – der immer wieder beschworene Garten Eden – findet sich hier: „Aber immer blendender häuft sich der Strahl, bis in hellem Sonnenglanze sich der unabsehbare Hain aufschließt, in dem ich den Anselmus erblicke. – Glühende Hyazinthen und Tulipanen und Rosen erheben ihre schönen Häupter und ihre Düfte rufen in gar lieblichen Lauten dem Glücklichen zu ...". – Wie die verschiedenen „Irdischen Paradiese", die Mythos, Kunst und Dichtung immer wieder gestaltet haben, sich auch untereinander unterscheiden mögen, so haben sie dennoch einige Grundzüge gemeinsam. Vor allem ist jedes Paradies „fern"; Raum und Zeit trennen es von der gewöhnlichen Wirklichkeit ab: bei Hoffmanns Atlantis-Vision wird von einem „unabsehbaren Hain" gesprochen, von dem Tempel, der sich in „weiter Ferne" erhebt. Aber diese „Ferne" muß nicht immer „räumlich sein": Kleinstück weist in seiner Betrachtung des „Irdischen Paradieses" in der englischen Dichtung darauf hin, wenn er sagt: „...; dabei kann die Ferne auch sozusagen psychologischer Natur sein, indem das Paradies zwar „mitten unter uns" liegt, aber sich nur in bestimmten Augenblicken und nicht jedem Beliebigen zeigt."[49] Dies gilt auch für Hoffmanns Konzeption des Atlantis-Reiches, das nur dem poetischen, dem romantisch-exaltierten Gemüt offen steht, wenn es alle Prüfungen und Gefahren des Weges dorthin überstanden hat.

Die Vision des „irdischen Paradieses" berührt uns vertraut; sie ist auch nach Hoffmann aus der Dichtung nicht verschwunden. Wenn „der Garten" ein Sinnbild des Paradieses ist, wenn das „Abgetrennte" von der übrigen Welt auch

---

[49] Johannes Kleinstück: Mythen und Symbol in engl. Dichtung. a.a.O. S.74

ein „Haus" sein kann, so steigt sehr bezwingend Stifters „Rosenhaus" vor uns auf: eine umfriedete Welt, in der die Zeit stillzustehen scheint, die laut Staiger[50] – nie war, nie ist, nie sein wird. Es sieht so aus, als versuche Stifter das „Paradies" in einer halbwegs modernen Welt zu beschwören als einen umfriedeten Raum, in dem nur „Eingeweihte" Zutritt haben. Auch das „Rosensymbol" ist ein Sinnbild der spirituellen Liebe, die keinem Wandel mehr unterworfen ist.

Landschaft und Farben im Märchen „Der goldne Topf"

Hoffmanns Hauptfigur steht nicht im luftleeren Raum; alles, was sie betrifft, vollzieht sich an den gewöhnlichen Orten, die dem Bewohner der exakt bestimmten Umwelt vertraut sind. Aber das Ungewöhnliche stößt – wie es von Hoffmann selbst formuliert wurde – hart an das Gewöhnliche: plötzlich verliert die bekannte Stadtlandschaft ihr alltägliches Gesicht. Feenhaft und wunderbar enthüllen sich dem Anselmus die Erscheinungen der goldgrünen Schlänglein in einer verfremdeten Welt. Was er nun optisch und akustisch wahrnimmt, ist plötzlich nicht mehr das Elbpanorama um Dresden, es ist in Farbe, Duft und Klang ein Raum des Ganz-Andern, in den die vertraute Landschaft sich verwandelt hat. Ähnlich geschieht es in der 5. Vigilie, in der die Magisierung und Verfremdung des Lindhorstschen Scherbengartens ins Phantastische sich vollzieht, in jenen „anderen Raum", in dem sich Serpentina, sichtbar in der Gestalt eines herrlichen Mädchens, durch das smaragdene Grün der Baumblätter schlängelt. Die Farben des Smaragds, der Glanz

---

[50] vgl. Emil Staiger: Stifter: Nachsommer. In: Meisterwerke dt. Sprache. Zürich 1948

der Metalle, die Klänge des Kristalls (z. B. „der herrliche Dreiklang der Kristallglocken") sind Signaturen Hoffmanns. In seiner Dichtung fallen die aus der Welt der Metalle und Edelsteine gewonnenen Bilder auf, ebenso die Synästhesien, die besonders in den Schilderungen der 8. Vigilie gehäuft erscheinen. Hier spricht der Autor von den Düften, die als liebliche Töne aus den Blütenkelchen emporsteigen: „Die wunderbare Musik des Gartens tönte zu ihm herüber und umgab ihn mit süßen lieblichen Düften ... Zuweilen war es auch, als rauschten die smaragdenen Blätter der Palmbäume, und als strahlten dann die holden Kristallklänge ... durch das Zimmer."

Die Romantik hat jene Meister der Synästhesien hervorgebracht, unter denen Hoffmann – neben Tieck – der spektakulärste ist. Auf diesem speziellen Gebiet der Metapher werden verschiedene Sinneseindrücke assoziiert: Malerisches und Musikalisches, Farben und Töne spielen ineinander. So werden die Gegensätze aufgehoben und lösen sich auf in „harmonischer Verwirrung", um mit Brentano zu sprechen. Als Vorbild für Hoffmann ist hier vor allem Tieck zu nennen: er war es, der in seinen Schilderungen Farbe und Ton als untrennbar empfand: „Die Töne sind wieder Begleitung der spielenden Farben. Die Mannigfaltigkeit in Blumen und Gesträuchen ist eine willkürliche Musik in schönem Wechsel: Die Gesänge der Vögel, der Klang der Gewässer, das Geschrei der Tiere ist gleichsam wieder ein Baum und Blumengarten."[51]

Der Einfluß auf Hoffmann ist unverkennbar. Auch bei diesem sind Töne und Farben in ihrer Vermischung Bestandteil des Raumes. Tiecks Überzeugung, daß das „Geheimnis der

---

[51] Ludwig Tieck: Die Farben. In: W. H. Wackenroder, Werke und Briefe, I. Jena 1810, S. 267

Farben anbetungswürdig" sei, hat auch den Autor der Feen
gärten von Atlantis erfüllt, dessen Schilderung der Feuerli-
lien, Tulpen, Hyazinthen von einem wahren Farbenrausch
erfüllt sind. Von dieser starken Betonung des Optischen
und Akustischen leitet Marianne Thalmann ihre Behauptung
ab, Hoffmanns Landschaftsschilderungen erinnerten an
Kulissen und Staffagen der Opernbühne, auf der er ja in
Bamberg zu Hause war: „Hoffmanns Landschaft ist Kulisse,
Soffitte, die nach Bedarf aufgezogen wird. Er besitzt ein
ganzes Lager an ausgewählten Szenerien, die er bewußt
und fingerfertig einsetzt. Er weiß, was in eine gefällige Landschaft hineingehört."[52] Wie aus Hippels Biographie Hoffmanns hervorgeht, hatte dieser an Natur und Landschaft
kein besonderes Interesse; er war Stadtmensch durch und
durch. So kommt es wohl auch, daß er die Dinge in der Natur nicht darstellte, wie sie den natürlichen Sinnen erscheinen, sondern als Symbole, aber zweifellos auch – was Farben und Klänge betrifft – im Hinblick auf ihren optischen
und akustischen Effekt, weshalb Farbenskala und Wirkungen der Töne in den Schilderungen der Feengärten bis zum
höchsten gesteigert sind.

---

[52] Marianne Thalmann: Formen und Verformen durch Vergeistigung der
Farben. In: Romantik in kritischer Perspektive. a. a. O., S. 174

Anregungen zur Unterrichtsgestaltung

Vorbemerkung

Die Motivation zu einer engagierten Textdiskussion der vorliegenden Erzählungen im Unterricht liegt in der Modernität Hoffmannscher Perspektiven und Verfahrensweisen. Zugleich bietet der aufs äußerste verdichtete Zusammenhang von Märchenaspekten und Erzählspannung schon von der kompositorischen Anlage der Novellen und Märchen her einen hohen Leseanreiz, was bei der Auswahl der Texte für den Literaturunterricht eine günstige Voraussetzung für das Verständnis bedeuten kann. Zudem ist Hoffmann auch deshalb heute so stark in den Mittelpunkt des Interesses gerückt, weil in seinem Werk Einsichten der modernen Psychoanalyse vorweggenommen sind. Aber nicht allein das macht Hoffmanns Modernität aus: seine Bedeutung als Vorläufer des modernen Romans ist vor allem auch in Hinsicht auf seine Verfahrensweise heute unbestritten. Er reicht über E. A. Poe, Thomas Mann, Kafka bis zu den Surrealisten.

Aber dieser Autor ist nicht nur literarisch bedeutsam, er erweckt auch Interesse und Anteilnahme bei den Lesern durch seine brisanten Spannungseffekte und phantastischen Einfälle, wobei der ironisierende, spielerische Reiz seiner Erzählmanier über den tieferen philosophischen Gehalt seiner Aussagen nicht hinwegtäuschen kann.

Es wird daher vorgeschlagen, die Unterrichtsreihe: „Das Fräulein von Scuderi" – „Der goldne Topf" in der gymnasialen Oberstufe durchzuführen. Zu einer eingehenden Erarbeitung der Texte sind etwa zehn Unterrichtsstunden vorzusehen.

Hinweise zur Erschließung der Texte im Unterricht

Thema: E.T.A.Hoffmann

"Das Fräulein von Scuderi"

"Der goldne Topf"

Unterrichtsplanung

Es empfielt sich, die Texte in der Reihenfolge der Interpretationen im vorliegenden Band zu behandeln, da die Betrachtung der Scuderi-Novelle als Einstieg in Hoffmanns Werk weniger Schwierigkeiten bereitet als das Kunstmärchen "Der goldne Topf". Der Unterrichsablauf ist – als eine Möglichkeit – im 1. Teil des Bandes gegeben.

Allgemeine Einleitung:

Die literarische Epoche der Romantik: Einführung in die Literatur, Kultur- und Geistesgeschichte der Zeit.

(Lehrervortrag)

"E.T.A.Hoffmann – Daten zu Leben und Werk" (Schülerreferat)

Erschließung der Texte im Unterricht

1) "Das Fräulein von Scuderi"

Einleitende Diskussion

Erstleseeindrücke im Anschluß an die Frage: "Haben wir es hier mit einer üblichen Kriminalerzählung zu tun?" (Heranziehung von Vergleichsmaterial aus der Kriminalliteratur)

Aufgabenvorschläge und erschließende Fragen

1) Geben Sie eine auf den wesentlichen Inhalt reduzierte Zusammenfassung des Geschehens. (Evtl. als schriftliche Hausarbeit)

2) Welche Bedeutung hat die Darstellung des historischen Hintergrunds und die Ausmalung der kriminellen Geschehnisse zur Zeit Ludwig XIV. in der Novelle? (Bezogenheit der Hauptgestalten auf die historische Umwelt – Einstimmung in die unheimliche Atmosphäre um die verbrecherische Hauptgestalt)

3) Untersuchen Sie Aufbau und Gliederung der Novelle. (Keine chronologische Abfolge der Handlung – Auflösung des epischen Zusammenhangs durch Vor- und Rückblenden – das Verhältnis von Dialog und Beschreibung)

4) Kennzeichnen Sie die Personengruppierung in der Erzählung. (Scuderi-Cardillac – Gruppe der Hauptfiguren / Olivier Brusson als verbindende Figur / Madelon, die Repräsentanten des Hofes, die Vertreter der Anklage und Polizeiaktionen – Gruppe der Nebenfiguren)

5) Zeichnen Sie ein Bild der historischen Gestalt der Scuderi. (Referatsbeitrag)

6) Untersuchen Sie die Funktion der Titelgestalt in der Erzählung. (Schlüsselstellung im Geschehen – Hilfestellung zur Aufdeckung des Verbrechens)

7) Kennzeichnen Sie in der Hauptperson Cardillacs Hoffmanns Vorstellung des Künstlertums. (Pathologische Züge: pränatales Trauma – Faszination von den edlen Steinen)

8) Definieren Sie Hoffmanns Konzeption der „wahren Poesie" nach dem sogenannten „Serapiontischen Prinzip". (s. Exkurs über die Rahmenhandlung „Die Serapionsbrüder" im 1. Teil des Bandes! Serapiontische Regel: „Jeder

prüfe wohl, ob er auch wirklich das geschaut, was er zu verkünden unternommen, ehe er es wagt laut damit zu werden. Wenigstens strebe jeder recht ernstlich darnach, das Bild, das ihm im Innern aufgegangen, recht zu erfassen mit allen seinen Gestalten, Farben, Lichtern und Schatten, und dann, wenn er sich recht entzündet davon fühlt, die Darstellung ins äußere Leben tragen.")

2) „Der Goldne Topf"

Einführungsstunde:

Das Märchen in der Romantik
Vergleich von Kunst- und Volksmärchen an Hand von Texten
1) „Hyazinth und Rosenblütchen" (Märchen aus Novalis' Romanfragment „Die Lehrlinge von Sais")
2) „Die goldene Gans" (Brüder Grimm)
(s. dazu Novalis' Märchentheorie im Einleitungskapitel zu der Interpretation des „Goldnen Topfs"!)

Aufgabenvorschläge und erschließende Fragen

1) Untersuchen Sie am Text, was der Untertitel „Ein Märchen aus der neuen Zeit" für die Märchenhandlung besagen will. (Als Materialien zu diesem Thema können Brief- und Tagebuchstellen Hoffmanns hinzugezogen werden. s. dazu das Kapitel der Interpretation „Entstehung und Daten der Publikation")
2) Was ist unter der Bezeichnung „Wirklichkeitsmärchen" bei Hoffmann zu verstehen?
3) Zeigen Sie die entscheidenden Schnittpunkte auf, die die Übergänge von Wirklichkeit zur Phantasiewelt kennzeichnen. (Dazu Kapitel der Interpretation: „Szenerie, Stoff und Erzählstruktur" – „Erzählerposition u. Blickführung")

4) Geben Sie einen Überblick über die Gliederung der Märchenhandlung. (Einteilung in 12 Vigilien – Nachtwachen)

5) Welches sind die erzählerischen Leitmotive des Märchens? (Kristall – dunkelblaue Augen – Gold- und Edelsteinmotive – der goldene Topf)

6) Verfolgen Sie – vor allem in der Szene mit dem Archivarius Lindhorst (4. Vigilie) – Hoffmanns Technik der Blickführung des Lesers.

7) Inwiefern ist das Atlantis-Symbol in der 12. Vigilie ein Sinnbild für das irdische Paradies als „Reich der Poesie"? Ergänzen Sie die Vorstellung des „irdischen Paradieses" aus Texten der Mythologie und der Neuzeit. (Materialien z. B. Texte (Ablichtung) aus dem „Nachsommer" von Adalbert Stifter; nach Wahl: Schilderungen des Rosenhauses)

8) Was bedeutet der Titel der Rahmenhandlung „Fantasiestücke in Callot's Manier" (3. Bd. „Der goldne Topf") im Hinblick auf Hoffmanns eigene Erzählweise? (Zur Diskussion dieser Frage muß der Text von Hoffmanns Einleitung „Jaques Callot" in den „Fantasiestücken" 1. Bd. zugrunde gelegt werden.)

Vorschlag einer Abschlußarbeit der Unterrichtsreihe:
„Was können Sie an Hand der Betrachtung beider Texte über Hoffmanns Erzählweise aussagen?

Werk- und Literaturverzeichnis

Werkausgaben

E.T.A. Hoffmann: Sämtliche Werke in 5 Einzelbänden. München, 1960-65

E.T.A. Hoffmanns Briefwechsel. 3 Bände. Gesammelt und erläutert von Hans von Müller und Friedrich Schnapp. München 1967-69

E.T.A. Hoffmann: Tagebücher. Nach der Ausgabe Hans von Müllers mit Erläuterungen. Hrsg. von Friedrich Schnapp. München 1971

Einzelausgaben der Erzählung

E.T.A. Hoffmann: Der unheimliche Gast und andere Erzählungen. Hrsg. von Ralph-Rainer Wuthenow. insel taschenbuch 245

E.T.A. Hoffmann: Lebens-Ansichten des Katers Murr. Reclam 1972

Sekundärliteratur

Wolfgang Preisedanz: Humor als dichterische Einbildungskraft. Studien zur Erzählkunst des poetischen Realismus. München 1963

Hans Mayer: Die Wirklichkeit Hoffmanns. In: Von Lenz bis Thomas Mann. Wandlungen der bürgerlichen Literatur in Deutschland. Pfullingen 1959

Wolfgang Preisedanz: Zur Poetik der deutschen Romantik. In: Die deutsche Romantik. Poetik, Formen und Motive. Göttingen 1967. S. 54-75

Karl Ludwig Schneider: Künstlerliebe und Philistertum im Werk E.T.A. Hoffmanns. In: Die deutsche Romantik. Göttingen 1967. S. 200-219

Marianne Thalmann: Romantik in kritischer Perspektive. Zehn Studien. Heidelberg 1976

Peter von Matt: Die Augen des Automaten. E.T.A. Hoffmanns Imaginationslehre als Prinzip seiner Erzählkunst. Tübingen 1927 (Studien zur deutschen Literatur. Band 24)

Richard Alewyn: Probleme und Gestalten. Essays. Frankfurt a. M. 1974

Richard Alewyn: Ursprung des Detektivromans. In: Probleme und Gestalten. Frankfurt a. M. 1974, S. 351-354

Dietrich Naumann: Typologie des Kriminalromans. In: Studien zur Trivialliteratur. Hrsg. von Heinz Otto Burger. Frankfurt a. M. 1968. S. 238-40

Edgar Marsch: Konflikt und künstlerische Lösung in E.T.A. Hoffmann: „Das Fräulein von Scuderi". In: Die Kriminaler-zählung. München 1972

Helmut Prang: Die romantische Ironie. Erträge der Forschung, Bd. 12. Wissenschaftl. Buchgesellschaft. Darmstadt 1980

Klaus Günther Just: Marginalien. Probleme und Gestalten der Literatur. „Blickführung bei E.T.A. Hoffmann". Bern und München 1976

Otto Nipperdey: Wahnsinnsfiguren bei E.T.A. Hoffmann. Dissertation Köln 1957

Rainer Schönhaar: Novelle und Kriminalschema. Ein Modell deutscher Erzählkunst um 1800. Bad Homburg, Berlin, Zürich 1969

Claudio Magris: Die andere Vernunft. E.T.A. Hoffmann. Verlag Anton Hain 1980

F. G. Wetzel: „Ein Hymnus auf die Poesie". In: Heidelberger Jahrbücher der Literatur. Nr. 66, 1815

Walter Muschg: Hoffmann, der Dichter der Musik. In: Gestalten und Figuren. Bern und München. 1968. S. 47-86

Dirk Grathoff: Phantasie und Wirklichkeit im Werke E.T.A. Hoffmanns, mit einer Interpretation der Erzählung „Der Sandmann". In: Ideologiekritische Studien zur Literatur. Frankfurt a. M. 1972

Aniela Jaffé: Bilder und Symbole aus E.T.A. Hoffmanns „Der goldne Topf". Hildesheim 1978

Hans Dahmen: E.T.A. Hoffmann und G. H. Schubert. In: Literaturwissenschaftliches Jahrbuch der Görresgesellschaft. 1. Band. Freiburg i. Br. 1926

Rüdiger Safranski: E.T.A. Hoffmann. Das Leben eines skeptischen Phantasten. München. Wien 1984

Joseph Strelka: Werk, Werkverständnis, Wertung. Grundprobleme vergleichender Literaturkritik. Bern und München 1978

Johannes Kleinstück: Wirklichkeit und Realität. Kritik eines modernen Sprachgebrauchs. Stuttgart 1971

Johannes Kleinstück: Mythos und Symbol in englischer Dichtung. Stuttgart 1964

Paul Requad: Norden und Süden in der Allegorik von E.T.A. Hoffmanns „Prinzessin Brambilla". In: Die Bildersprache der deutschen Italiendichtung. Bern und München 1962

Emil Staiger: Meisterwerke deutscher Sprache. Zürich 1945

02.04.87	8.2.94	
19.09.87	8.11.95	
02.88	15.12.95	
24.06.88		
29.11.88		
26.01.89		
23.02.89		
30.03.89		
04.07.91		
21.09.92		
11.01.94		

41 B-0244-1082 A